事態の捉え方と述語のかたち

開拓社
言語・文化選書
83

事態の捉え方と述語のかたち

英語から見た日本語

黒滝真理子 著

開拓社

は じ め に

　日常会話において婉曲的に表したいときに，敢えて英語で表現することはありませんか。たとえば，ここ最近太った人の体調を案じるような場合に「ちょっとオーバーウエイト（overweight）のようだけどストレスフル（stressful）なんじゃないの？」と言ったり，「お年寄り」に対して「シニア」あるいは「シルバー」と言ったりするように，ダイレクトな表現を避けることがあります。逆に，日本語であれば平易に表現できることが，英語となると何と言っていいのか困惑してしまったことはありませんか。たとえば，「もったいない」，「いただきます」，「お帰りなさい」といった日常表現のほか，謙虚な気持ちを表す「お陰様で」や労いを表す「お疲れ様でした」などを英語でどのように表現するのか困った経験は誰にでもあるでしょう。また，日本語は自分を指す表現（自称詞）が多いと言われますが，「おいら」「うち」「小生」「拙者」「吾輩」のような１人称表現を英語で言い分けることを難しいと感じたり，「ズキンズキン痛む」や「ガツガツ食べる」のようなオノマトペを英語でどのように表現するのか思い巡らしたりすることもあるかもしれません。

　このような場面に遭遇したときこそ，日本語と英語の違いを認識することでしょう。この違いを，言語固有の文化的背景や世界

v

観に起因するものと解釈し，自らを相対化することで自らを理解することにつなげてきたという側面もあります。そのことが，母語以外の言語を習得する動機にもなっているのです。母語以外の空間に留まってはじめて見えない自分に気づくというわけです。その意味で，言語は他者とのコミュニケーション手段として使われる一方，自分自身の思考を形成するものでもあるということができます。思考とは認知機能の一部です。そして，言語は社会関係の中で進化していきます。したがって，言語は単なる発信のためのシグナルではなく，人間が言語を使うことには，社会の中で思考や心（こころ）を共有し合うことが大前提にあるのです。その心を映し出す言語表現の一つが「モダリティ」なのです。

　2019 年 3 月 21 日に，大リーグ・マリナーズのイチロー外野手が日米通算 28 年間の現役生活に終止符を打つべく，引退会見を行いました。その際，引退の決断に対して「後悔などあろうはずがありません」と言い切りました。存在する可能性を否定する場合は「あるはずがない」や「あり得ない」と言うでしょう。しかしながら，この「あろうはずがない」は，モダリティを否定することで「現実的に絶対あり得ない」と強調していて，イチロー選手の強い思い入れを表した完璧な引退宣言になっているのです。「あろう＋はずがない」というように推量のモダリティを重ねていますが，英語で同じ内容を表すと "I will never regret this decision." や "I have no regrets." というように，ストレートな表現になります。「あろうはずがない」というような強いモダリ

ティ否定は日本語だからこそ可能なのです。本書では，このような日本語のモダリティの特異性を英語との比較から考えていきます。

これまで，日本語話者はモダリティを，およそ「話者[1]の気持ちを表すもの」のように思ってきた嫌いがありますが，そのように考えるのは定義として曖昧すぎると言わなければなりません。というのも，たとえば「なんでいつも片づけられないの？」「ええ，だってめんどくさいんだもの」という会話があったとき，返事の中にあらわれる「ええ」「だって」「もの」のすべてが「めんどくさい」という命題に伴う「気持ち」を表しており，これらの表現もモダリティということになってしまうからです。実際，日本語ではモダリティの守備範囲は非常に広く捉えられており，文末表現以外のものを含む漠然としたカテゴリーとして考えられてきました。モダリティ研究がこのような無秩序で混沌とした研究分野であるといった印象を払拭するため，本書では認知言語学的アプローチの力を借りて日本語と英語のモダリティを包括的に捉え直してみたいと思います。

本書の構成は次のようになります。まず，第1章で「ことば」というものは「ひと」との関わりで捉えなくてはならないことに触れます。そして，述語のかたちとしてのモダリティと二つのこ

---

[1] 一般にモダリティ論では「話し手」と表記されますが，本書ではモダリティ以外を論ずる際，（聞き手に対する）話し手と（読み手に対する）書き手のすべてに通用する「話者」という用語を用います。

とば（言語）を比較するといった対照研究のあり方を述べます。第2章でモダリティを認知言語学的観点から考える意義を説明し，第3章では認知言語学の基本的な概念である事態の捉え方が日本語と英語のモダリティ表現にどのように反映しているかを見ていきます。第4章では，モダリティの主な捉え方として「主観表現としてのモダリティ論」と「非現実事態陳述のモダリティ論」の二つの立場を紹介します。第5章では，日英語のモダリティの通時的・共時的意味変化を認知言語学的アプローチから説明します。第6章では認知言語学の事態の捉え方に2種類のスタンスがあることに触れ，その事態把握とモダリティの関連性を第7章と第8章で論じていきます。第9章では事態把握の普遍性と相対性について述べ，全体の総括をここで行いたいと思います。

目　　次

はじめに　*v*

第1章　「ひと」との関わりで捉える「ことば」⋯⋯⋯⋯⋯ *1*

　1.1.　述語のかたちとしてのモダリティ　*2*

　コラム　「モダリティ」のあらまし　*6*

　1.2.　二つの言語を比べて見えてくること　*7*

　コラム　対照研究から見た日英語のタイプ　*12*

　コラム　認知類型論から見た日英語のタイプ　*14*

第2章　認知言語学の言語観 ⋯⋯⋯⋯⋯⋯⋯⋯⋯⋯⋯⋯ *17*

　2.1.　ことばの形は人がどう思ったかで決まる　*18*

　コラム　サピア・ウオーフ仮説　*19*

　コラム　アフォーダンス　*23*

　2.2.　認知言語学とモダリティ　*24*

第3章　事態の捉え方を表す表現としてのモダリティ ⋯⋯ *29*

　3.1.　英語のモダリティ　*30*

　コラム　epistemic modality/deontic modality という用語の由来　*32*

　コラム　speech act（発話行為）　*42*

　3.2.　can はなぜ多用されるのか　*44*

　コラム　間主観化　*52*

　3.3.　日本語のモダリティ　*53*

ix

x

コラム プロトタイプ　*56*

3.4.　証拠性を表すモダリティ　*57*

コラム 中古語のモダリティ　*63*

第4章　モダリティの二つの捉え方 ……………………………… *65*

4.1.　伝統的なモダリティ観 ― 主観と客観 ―　*66*

4.2.　認知文法的なモダリティ観 ― 現実と非現実 ―　*69*

コラム ムードとモダリティ　*71*

コラム can の持つ非現実性と現実性　*76*

第5章　モダリティの成り立ち ……………………………… *79*

5.1.　英語のモダリティの通時的変化（歴史的変遷）　*80*

5.2.　モダリティの文法化にみられる四つの原理　*84*

コラム 語用論的推論　*87*

コラム 間主観性　*89*

5.3.　英語のモダリティの共時的意味拡張　*90*

5.4.　日本語のモダリティの文法化　*93*

第6章　二つの事態の捉え方 ……………………………… *99*

コラム 〈見え〉　*101*

6.1.　Langacker (1990) の「主体化」　*101*

コラム 二つの subjectification　*102*

6.2.　池上 (2003, 2011) の「事態把握」　*104*

コラム 言語以外の主観的把握　*111*

第7章　事態把握とモダリティ ……………………………… *113*

コラム 環境論的自己　*114*

7.1. 「モノ的言語／コト的言語」と事態把握とモダリティ　*116*

7.2. 「スル的言語／ナル的言語」と事態把握とモダリティ　*121*

コラム 心的体験　*131*

第8章　主観的把握と〈自己のゼロ化〉とモダリティ ……… *133*

8.1. 〈自己のゼロ化〉と日本語のモダリティ　*134*

8.2. 潜在化されて見えない「私」を知る手がかりとしてのモダリティ

137

コラム 〈見立て〉と〈見え〉　*141*

8.3. 〈自己のゼロ化〉と証拠的モダリティ　*141*

コラム モノローグ的性格とダイアローグ的性格　*152*

8.4. 〈自己のゼロ化〉とミラティビティ（mirativity）　*152*

8.5. 事態把握の普遍性と相対性 ── 英語にも〈自己のゼロ化〉は起こり得る ──　*158*

第9章　展　望
　　　　──モダリティからみた認知類型論的特徴── ………… *167*

おわりに ……………………………………………………… *171*

あとがき ……………………………………………………… *175*

参考文献 ……………………………………………………… *179*

索　引 ………………………………………………………… *187*

初出一覧 ……………………………………………………… *193*

第 1 章

「ひと」との関わりで捉える「ことば」

「ことば」は自然科学のようにすべてが理路整然と説明できるとは限りません。それは「ひと」が関わっているからです。そして，「ひと」の主体的な判断のもと何を如何に表現するかが決まってきます。これこそが「ことば」なのです。また，主体的な判断，すなわち「ひと」の心の働き，たとえば，心のヒダ・心の影・心の光・ホンネや深層心理といった，「ひと」が「ひと」として抱く心の微妙な動向を表すのがモダリティです。本章では，それらの関連性に触れたいと思います。

1.1. 述語のかたちとしてのモダリティ

「言語学」を簡潔に定義すれば「ことば」を対象とする学問のことで，そこには必ず「ひと」が関わってきます。「ひと」の位置付けは〈話す主体〉としての話者であり，この〈主体的な存在としての話者〉が発話する上で事態を把握します。それを表現するのが「ことば」なのです。

「ことば」に「ひと」が関わるというのは，当たり前のことと思われるかも知れませんが，言語の分析に「ひと」の関わりを積極的に導入する研究が始まったのは，古い話ではありません。伝統的な比較言語学において，「ことば」に「ひと」がどう関わるかという視点はほとんどありませんでしたし，20世紀以降の言語研

究においても，「ひと」の関与は補助的あるいは副次的なものに過ぎませんでした。生成文法では，理想的な言語使用者 (ideal speaker and hearer) という概念が示されましたが，抽象的な存在として設定されたものであって，実際の生々しい人間を言語運用の中心に据えるといった発想とは全く異なる考えでした。加藤 (2007) が「日本語話者は常々今ここの経験にこだわる」と言ったとおり，話者は自分自身の身体を通して，「いま・ここ」において感じとり推し量るような体験をしているのです。その体験に際して，時間においては「いま」，空間においては「ここ」に集約される世界観というものがあり，その世界観は文化によって異なります。したがって，時空間に対する態度は文化，ひいては言語固有のものなのです。「いま・ここ」という談話空間において話者が世界をどう捉えているかを話者自身が推測し，ことばに反映させているのです。

　ことばには「事柄の叙述」と「事柄のあり方に関わる，話者の心の表出」という二つの側面があります。前者を命題，後者を「モダリティ」と言います。ことばと「心」は不即不離の関係にあります。心の中の概念を表すのがことばであり，ことばと心は連続体なのです。

　では，具体的にモダリティの形式について日本語の場合から概略を説明していきたいと思います。次の (1)–(3) が例示するように，日本語のモダリティには，それぞれ「〜だろう」(推量)，「〜かもしれない」(可能性)，「〜つもりだ」(意志) などがあります。

(1) a. 彼は明日帰ってくる<u>でしょう</u>。

b. He *will* come back tomorrow.

(2) a. 夜には雨が降る<u>かもしれません</u>。

b. It *might* rain this evening.

(3) a. どんなことがあっても，この仕事は終える<u>つもりです</u>。

b. I *will* finish this work whatever happens.

(1a) において，「帰ってくる」に後続する「～でしょう」の部分がモダリティで，「帰ってくる」という事柄に対する〈対事モダリティ〉であり，そのうちの〈認識的モダリティ〉ということになります。このとき注意すべきは，日本語の場合，「～でしょう」というモダリティは「帰ってくる」という常体には接続するものの，「帰ってきます」という敬体に接続させることができないという点です。常体（いわゆる「だ・である調」）は，いわば素のままに情報を伝達するものであり，対人的な配慮を含んでいないためにモダリティを接続しても矛盾を起こさないのです。それに対し，敬体（いわゆる「です・ます調」）は，すでに相手に対する丁寧さ（ポライトネス）を表しているので，敢えてモダリティを付けることで冗長な文章に仕上がってしまいます。

　ところで，日本語は，とりわけ推論を表すモダリティが発達しているといわれます。推論することで，自分への確認をしたり，自分の知識の信頼度を推し量ったりするのです。推論するプロセ

第1章 「ひと」との関わりで捉える「ことば」　5

スには，時間の経過とともに進行する行為，すなわち「〜するコ
ト」が関わります。コトは漢字で書くと「事」あるいは「言」と
なります。「事」は時間軸上で変化していく出来事のことであり，
「言」とはまさに「ことば」であります。一方，英語の場合，「こ
とば」というものは外界の事物を指すモノに過ぎません。モノと
は時間の経過とともに推移するというよりも，具体的なもの，不
変の存在です。

　この点に関する英語と日本語の違いについて，同義的な知覚文
を比較することによって解説してみたいと思います。次の例をご
覧ください。

　(4) a. *I can* see him over there.

　　　 b. *I can* hear her very well.

　(5) a. （私には）あそこに彼が見える。

　　　 b. 彼女の声がする。

英語で (4a) や (4b) のように言うとき，I という主語が動作主
(agent) あるいは経験者 (experiencer) として明示的に言語化さ
れ（ことばに表され），それが行為 (action) を起こすことを強調
することで他動性かつ行為性が強くあらわれます。これに対し，
日本語で (5a) や (5b) のように言うとき，動作主あるいは経験
者としての主語（私）は明示的にあらわれず，あたかも「彼（の
姿）」や「声」が「私」とは独立に存在するように表されます。し

いて動作主ないし経験者を明示するなら、「私には」というように、場所的な「に」をつけて、出来事の「場」として表現されることもあります。これを、「非動作主化」（deagentivization）[1] と言います。このような「言語表現上の差異こそが『捉え方』の差異を反映する」という考え方を認知言語学の基軸とします。

コラム

「モダリティ」のあらまし

モダリティ（modality）というのは「話している内容に対する話し手の判断や感じ方を表す言語表現」のことを言い、法性あるいは様相性とも呼ばれます。モダリティは、〈対事モダリティ〉と〈対人モダリティ〉に大別されます。

たとえば、「きっと晴れるだろう」という文があるとき、「晴れる」ということに対する話者の推測が「きっと～だろう」という形式によって表されており、この部分がモダリティであるといえます。この「きっと～だろう」というモダリティは、「晴れる」という事柄に対して話者が推測をしていますので、〈対事モダリティ〉ということになります。一方、「おいしいね」や「おもしろいよ」の文末に現れる「ね」や「よ」のような形式は、「おいしい」とか「おもしろい」という事柄に対して推論するというより、聞き手に対して共感

---

[1] この deagentivization は「脱動作主化」あるいは「無意志動詞化」と訳されることもあります。

や主張を提示しているという点で〈対人モダリティ〉ということになります。

さらに，〈対事モダリティ〉は二つの種類に下位分類されます。一つは，〈認識的モダリティ（epistemic modality）〉と呼ばれ，「かもしれない」や「だろう」などのように可能性や蓋然性などを表すモダリティであり，もう一つは，〈束縛的モダリティ（deontic modality）〉と呼ばれ，「なければならない」や「てもよい」などのように義務や許可などを表すモダリティです。認識的モダリティと束縛的モダリティは，言語によっては同じ形式で表現されることもあります。たとえば，英語の must という法助動詞は「～に違いない」という認識的モダリティであると同時に，「～しなければならない」という束縛的モダリティにもなりますし，同様に，may という法助動詞も「～かもしれない」という認識的モダリティであると同時に，「～てもよい」という束縛的モダリティにもなります。束縛的モダリティの「束縛」というのは，相手の行為を束縛する，あるいは束縛を緩めるところに由来します。

1.2. 二つの言語を比べて見えてくること

話者が自分のことを語るとき，日本語と英語では異なる捉え方が観察されます。大きく分けると，日本語は「自分」を「自己（self）」として捉えるのに対し，英語は「話者（subject）」として捉えます。英語話者は他者からみると自分も他者であると考える

ので，自己の客体化が起こりやすいのです。たとえば，次のような日英語の電話でのやりとりがあったとします。

(6)　A:　黒滝さん，いますか。
　　　B:　はい，私です。

(7)　A:　*May* I speak to Ms. Kurotaki, please?
　　　B:　This is she.

(6) のように日本語で会話したとき，B は自分のことを「私」と言っています。このことは，日本語では「自己（＝話者自身）」を「私」として捉えていることを反映したものにほかなりません。一方，(7) のように英語で会話したとき，B は This is she. と言っています。このとき，発話者自身のことを指しているにもかかわらず，This is me. ではなく，あえて This is she. のように 3 人称を使っているのは，「その黒滝さんっていうのは私のことです」というように，話者を客体化していることを反映したものといえます。

　また，鏡を見て，その鏡に映った自分の姿に自分が語り掛けるような状況を思い浮かべて下さい。そのとき，日本語では鏡の中の自分に「私」と呼びかけますが，英語では自分を客観視して you という 2 人称で呼びかけます。

　これに関連して，鈴木（1996: 182-185）が，独り言について「話者が自分自身を一人称で表現するひとりごとと，自分自身を

第1章 「ひと」との関わりで捉える「ことば」　9

二人称として対象化して捉えるひとりごとの二つがある」と指摘
しています。フランク・オコナー（Frank O'Connor）というア
イルランドの作家が書いた Babes in the Wood（邦題「汚れなき子
供」）という短編小説の中で，ジェリィという名前の少年が，こ
れから立ち向かわなくてはならない大仕事を前にして弱気になり
独り言を言う場面に，次のような描写があるといいます。

(8)　"Jerry, remember you're not a baby any longer.
　　　You're nine now, you know."

　　　（ジェリィ，おまえはもう赤ちゃんじゃないってこと忘れるな
　　　よ。いいか，おまえはもう九つなんだぞ。）

この台詞の中で，ジェリィ少年は，自分の名前を呼んだ上で，自
分に対して you と呼びかけています。このとき，自分について
2 人称の you が用いられるのは，自己を「内なる自己」と「外側
の社会的な自己」の二つに分裂し，そのうちの「内的自己」が「外
的自己」を他者とみなして，客体化するためと説明されています。
　このことは小説に限らず，日常の口語表現にも見られるようで
す。池上（2006a: 189）は，話者が独り言の中で自分自身に語り
かけるという状況で，次のような例を挙げています。

(9) a.　You *must* work much harder!
　　 b.　「（私は）もっと頑張ってやらなくちゃ！」

この例は，話者がこれまでの自らの姿勢を反省し，自分を励ま

しているという場面での発話とされます。池上（2006b）による
と，英語では，(9a) のように2人称の代名詞で自分を指し，自
分が自分自身に語りかけるという構図になるのに対し，日本語で
は，(9b) のように，「他者化」することなく，1人称として言語
化するほうが自然であるという説明があります。しかも，日本語
の場合，1人称主語の「私」でさえ，当たり前のものとして省略
して発話するのが普通なのです。

　また，英語では，(10) のように，自分の経験であるにもかか
わらず，I を使わず，You を用いる例があります。

(10)　It wasn't a bad life.　You got up at seven, had break-
　　　fast, went for a walk.　　　　　　　(Quirk et al. (1985: 354))

ここでは，「生活は悪くはなかった。7時に起きて朝食をとり，
散歩に出掛けた」というように，自分のことを you で指すこと
で，まるで聞き手に共感を求めているように感じられます。

　ここまで，捉え方の違いという観点から日本語と英語を比べ，
その差異を浮かび上がらせようとしてきましたが，このように日
本語と英語の相違など，異なる言語間の異同を追究する学問を
「対照言語学」と言います。従来の対照言語学は，言語表現や
「文」レベルでの比較に留まってきました。しかしながら，「文」
と「文脈」や，言語の部分と言語以外の部分は絡み合っています。
そこで，近年では，言語の背後にあると想定される話者の好み，
言語意識や認知的スタンス，すなわち〈認知的な営み〉にまで突

き進んで考えられるようになりました。本書では，この〈認知的な営み〉という観点から，日英語の相違がなぜ起こるのかを問いたいと思います。

　さらに，上の例は異なる言語間の問題でしたが，同じ言語話者でも，本来人間の認知は二重把握をしますので，状況に応じて適切な把握の仕方をし，それが言語に反映される場合があります。たとえば，テレビは視聴者に最も伝わりやすいカメラの映像を流すものです。ラグビー観戦に行くと外から俯瞰的に見えるものも，テレビではゴールが決まればゴール目線でしか映像が流れません。また，事件ものものドラマで，防犯カメラが事件の詳細を外から映していても，再現する際には当事者をクローズアップするカメラに切り替えられます。われわれは角度や焦点を変えて，ある対象を捉えるのに異なる表現方法をとるのです。それでは，われわれは日々実際にどのような捉え方や表し方をしているのでしょうか。

　以上，日本語話者と英語話者は同じ事態を知覚しているにもかかわらず，異なる表現法で言語化することが分かりました。どの言語話者でも，同じ事態であってもいくつかの異なるやり方で捉え，違ったやり方で表現する能力を有しているという考え方は，認知言語学の普遍的な側面です。ここで，普遍的側面に対する相対的側面について注意すべき点を記しておきましょう。言語間の比較を通して一般化し，普遍性を追究する学問を言語類型論（linguistic typology）と言います。typology（類型）は type から

派生した語で，types とは「共通の性質を帯びているタイプ」を表しています。よって，絶対的な相違点ではなく，あくまでも「タイプ」つまり「傾向」なのです。したがって，上でも類型論的特徴を列挙しましたが，実はそれらの特徴はどの言語にもあてはまり，「比較的〜の傾向にある」という程度の違いを表しているに過ぎないというわけです。

☞ われわれは同じ事態に向き合っていても，時と場合によって異なる表現法で言語化しています。

コラム

対照研究から見た日英語のタイプ

これまで言語の比較対照においては，言語体系が異なっていることが指摘されてきました。たとえば，Hinds (1986) は日本語を "situation-focus（状況志向）" と呼び，英語を "person-focus（人間志向）" と類型論的に捉えています。

・日本語は「状況中心」／英語は「人間中心」
　ここはどこですか。
　Where am I here?

また，国広 (1974a, 1974b) は，（ア）状況と人間，（イ）存在と所有，（ウ）身体の一部と全体という三つの観点から日本語と英語を対比させ，日本語が「状況中心」なのに対し英語は

第1章 「ひと」との関わりで捉える「ことば」　13

「人間中心」であり，日本語が「存在表現」を用いるのに対し
英語は「所有表現」を用い，日本語が「身体の一部」に注目
するのに対し英語は「人間全体」を見るというように，日本
語と英語における〈好まれる表現構造〉を特徴づけ類別し
ています。

・日本語は存在表現／英語は所有表現

　　私には優しい娘がいる。

　　I have a kind daughter.

・日本語は身体の一部／英語は人間全体

　　胃が痛む。

　　I have a pain in the stomach.

　　(*My stomach has a pain.)

・日本語は動詞中心／英語は名詞中心

　　彼は足が速い。

　　He is a fast runner.

・日本語は推移表現／英語は移動表現

　　京都が近づいてきた。

　　Kyoto was approaching.

・日本語は自動詞中心／英語は他動詞中心

　　このキーでドアが開いた。

　　This key opened the door.

国広（1974b: 47）は「英語では人間を中心に据えて，その
人間が何か活動したり認識したりする形を取っているのに対
して，日本語ではそのような人間は後退しており，その場面

14

の状況をとらえて表現するという形を取る」と説明していま
す。たとえば，次のような日英語の比較が挙げられます。

コーヒーがまだ出ていない。

We haven't got any coffee yet.

コラム

認知類型論から見た日英語のタイプ

上のコラムで例示した日英語の比較対照を認知類型論的観
点から分析すると，さらにいくつかのタイプが見られます。
池上の用語法に従えば，日本語は，BE 言語／ナル的言語／
コト的言語／没人間志向（状況志向型）であり，英語は，
HAVE 言語／スル的言語／モノ的言語／動作主中心志向（人
間志向型）というように類別されます。次の例をご覧くださ
い。

・日本語は BE 言語／英語は HAVE 言語
　この家には部屋が五つある。
　This house has five rooms.
・日本語はナル的言語／英語はスル的言語
　9 月に帰国することになりました。
　I'm going back home for good in September.
・日本語はコト的言語／英語はモノ的言語
　君の言うことはわかるよ。
　I understand you.

・日本語は没人間志向／英語は動作主中心志向

切符は売り切れました。

We are sold out.

「ナル的／スル的」という対比から，日本語は「主題優位言語」，英語をはじめとする印欧語は「動作主優位言語」という類型論的特徴も導き出されます。たとえば，日本語の典型例である「象は鼻が長い」において，「象は」が主題（topic）となっています。これを英訳すると An elephant has a long nose. となります。

　このように，同じ事態であっても，日本語と英語は異なる表現法をとるのです。

第 2 章

認知言語学の言語観

第1章でも述べたように，「ことば」とは常に自然科学のように理路整然と説明できるものではなく，'motivated but not predictable'（動機づけがあるからといって必ずしも予測はできない）ものなのです。それは「ひと」が関わっているからです。その「ひと」を対象とする学問である認知言語学は，「ことば」の運用を「ひと」との関わりという観点から分析する研究領域です。この点について，この第2章で詳しく見ていきたいと思います。

2.1. ことばの形は人がどう思ったかで決まる

　言語は話者の思考や経験のあり方に影響を与えるもので，言語が異なれば思考も異なるという考え方があります。この考え方を「サピア・ウォーフ仮説」と言います。この言語相対論的な考え方は，「人間の認知のあり方は言語に反映される」という捉え方に支えられるものです。

　認知言語学でいう「認知（cognition）」とは人間の知的な心の働きのことであり，論理的思考の仕方と関わるものです。自分にとって関連性があるか（X is relevant to me），あるいは，自分にとって意味があるかが問題となります。たとえば，人間はある語が発せられると，それに応じた行動をとります。それを認知する際には必ず意味が絡んできます。これを「意味」と言います。

第2章　認知言語学の言語観　　19

　意味を読み取る心の働きには「感覚（sensation）」「知覚（perception）」「認知（cognition）」があります。これらは人間の身体と関わるものです。人間は自分にとってどういう意味があるかを問い，自分との関連性（relevance）において意味があると判断した上で意味を決定します。すなわち，〈発話の主体〉（locutionary subject）との関わりで意味は決まるのです。

　ちなみに，従来の言語学では，〈発話の主体〉としての人間を考慮に入れない研究が主流でした。たとえば，〈（アメリカ）構造言語学〉（(American) structural linguistics）はもっぱら言語の〈構造〉の客観的な記述に取り組むことに留まってきました。〈変形生成文法〉（transformational generative grammar）は言語に限りなく抽象的な規則を見出そうとするもので，〈理想的な話者兼聞き手（ideal-speaker-hearer）〉を想定し，事実上の〈話者〉を削除してきました。よって，〈認知の主体〉としての人間，すなわち，話者が身体を介して〈主体的〉に事態を把握する認知言語学とは全く異なるものでした。

コラム

サピア・ウオーフ仮説

　Sapir (1921) は第7章で "Language as a Historical Product: Drift" と題し，言語が自ら一定の方向を選んで変わっていくことを Drift（駆流）と呼びました。この Drift は，後

述する「文法化の一方向性仮説」の先駆けと言えます。サピア（Sapir）は "Language and our thought-grooves are inextricably interrelated, are, in a sense, one and the same." (Sapir (1921: 217–218)) と述べ，言語と思考の溝（習慣的な思考）に密接な関係があると主張しました。これが言語相対論の「サピア・ウォーフ仮説」の根本的な考え方になっています。

認知言語学の中でも，「言語の構造は個々の実際的かつ具体的な使用によって形作られるものである」と説明する理論を認知文法（cognitive grammar）と言います。その認知文法は Ronald W. Langacker（ロナルド W. ラネカー）が 1970 年代から展開した認知言語学の理論です。Langacker (1991) に次のような説明があります。

> The speaker of language is known to have the ability of construing the same situation in a number of alternate ways and of making different senses of it.

ここでの Langacker の説明は，「話者には，同一の事象に対していくつもの異なる方法で解釈し，異なる意味を与える能力がある」ということです。ここでの「意味」とは話者が異なる捉え方で生み出すものであり，決して話者は独立に最初から事象の中に内在しているものではありません。

　話者は発話に先立ち，まず〈事態〉のどの部分を言語化すべき

か，どの部分は言語化する必要がないか，自分にとって関わりが
あるか，言語化する部分に関してどのような視点から言語化する
か，などの判断をし，主体的に選択するのです。これを一貫して
「認知的な営み」と言います。話者が認知的な営みをするとは，
主体性があることを示しています。話者は自分にとって意味のあ
ることと意味のないことを判断し，自分にとって意味のある，す
なわち関連性のあることのみを言語化します。「関連性がある」
ということは自分にとって何らかの変化をもたらす可能性がある
ということです。そして，言語化に伴う認知的処理とは言語化に
値するものと値しないものを分別し，値するものだけを認知的処
理するということなのです。その際決め手となるのが，話者と関
連性があるか，話者との関与性はどの程度あるかということで
す。たとえば，「日々暖かくなっていく」と「日々暖かくなって
くる」という表現で，前者は話者との関与が小さく，後者は話者
との関与が大きいので2通りの表現が存在するのです。このよ
うに，関連・関与のあることを意味づけて言語化するわけですか
ら，話者は自らの責任において解釈・把握することになります。
これを「主体的な営み」と言います。「AをBと分別し解釈する」
を英語で表すと "construe A as B" となります。これは，「解釈」
というより「事態把握 (construal)」するということで，そこに
「主体的な営み」が起こるのです。自分にとって好ましいもの，
これは生物学的本能であり，生きるという営みにおいて重要なこ
とです。認知的判断とでもいえましょう。要するに，話者は発話

に先立って言語化する事態について主体的に認知的処理を行うのです。認知言語学でいう「意味」とは，〈事態〉そのものに内在するものではなく，〈認知の主体〉としての話者による主体的な営みで発生するものなのです。したがって，〈事態把握〉は，話者自身にとって関連性がなくてはならないものです。そこに意味が与えられているわけですし，人間はそのような潜在能力をもっています。この「環境と知覚者の関係がつくる情報」として，ギブソン（Gibson（1979））によって提案された概念を「アフォーダンス（affordance）」と言います。すなわち，アフォーダンスとは環境が動物に対して与える「意味」のことで，動物と物との間に存在する行為についての関係性そのものを表します。

ここまでは，人間を「生物学的存在」とみなし，言語に備わる〈普遍性〉を問題にしてきました。人間には，もう一つ，「社会の中での文化的存在」としての側面があり，この側面に関しては言語の〈相対性〉が問題になります。この生物学的存在としての普遍性と社会文化的存在としての相対性の両者を兼ね備えているのが人間なのです。生物として共通の認知の営みもあれば，文化的環境の相違に由来する異なる部分もあるというわけです。後者の相対性には各々の言語の背後にある文化が絡んでいます。

☞ 話者は発話に先立ち，問題の事態の中で，自分と関わりがある，つまり自分にとって意味があることを主体的に選び言語化します。このように主体的に認知的処理を行うこと

第2章　認知言語学の言語観　　23

を「認知的な営み」と言います。そして，主体的な営みが
「事態把握」と呼ばれる過程です。

コラム

アフォーダンス

　アメリカの生態心理学者ジェームズ・ギブソンが提唱した
「アフォーダンス」とは環境が動物に提供する意味や価値の
ことです。佐々木（1993: 98）も説明するように，アフォー
ダンスの理論とは，「人間が何かを見るとき，単に対象がも
つ属性（長さや固さなど）だけに目を向けるのではなく，身
体をベースにした『行為の可能性』を見ている」というもの
です。たとえば，公園にあるベンチは特に注意書きがなくて
も「座るもの」だと理解できます。またドアにボタンがつい
ていれば「押すもの」であると自然に認識します。これがア
フォーダンスなのです。ベンチやボタンそのものが「座るも
の」あるいは「押すもの」という「意味」を与えて，人間の
感情や行動に繋がっているのです。ベンチは「座る」という
行為を「アフォードする」，ボタンは「押す」という行為を
「アフォードする」と言います。菅井（2015: 143）によれば，
生態学的なアフォーダンスの概念を対人関係に応用したのが
「社会的アフォーダンス（social affordance）」ということで
す。「社会的アフォーダンス」の概念は「他者や自己の対話
や行為から，自分の対話や行為の可能性が生じること」（岡
田（1997））で，行為が行為を，言語行為が言語行為をア

フォードすることをいいます。これについては，菅井 (2015: 144) が次のような例を挙げて説明しています。

(a) 手伝ってください。
(b) 手伝ってくださいますか。

両者共に依頼表現ですが，(a) は直接依頼をしているのに対し，(b) は表現上疑問文の形をとり，聞き手に yes / no の選択権を与えています。したがって，(b) のほうが拒否しやすいわけで，これを「拒否という言語行為をアフォードしている」と言います。

2.2. 認知言語学とモダリティ

構造主義から変形文法への移行期の言語学者ボリンジャー (Bolinger) は，実は認知言語学に限りなく近い考え方をもっていました。Bolinger (1977) の提唱する "different forms, different meanings" は「形式が異なれば意味も異なる」という考え方です。認知言語学の基本理念も「同じ事態の言語化であっても，表現形式が異なれば，事態把握 (話者の営み) の仕方も異なり，話者による意味づけも異なり，意味も異なる」ということですから，Bolinger の考え方に相通ずるものがあるといえましょう。

同じ事態であっても話者によって把握の仕方が異なり，表現も異なるというわけです。ただし，認知言語学においては，極端に

異なる相対性ではなく，可能な範囲での相対性，いわゆる「ゆらぎ」のようなものでしかありません。これを，Whorf（1956）は"fashions of speaking"（好まれる言い回し）と呼んでいます。池上（1999）は，この〈好まれる言い回し〉に関して「具体的な個々の成句，熟語のことではなく，出来事が言語で表現される際にその言語の話者によって好んで表れる表現の構成の仕方」（池上（1999: 84））というように説明しています。すなわち，刺激源（知覚のもとになるもの）が自分にとってどういう意味があるかを頭の中で考え，「認知の営み」を行います。自分との関連性で事態把握をしますので，同じ事態であっても，言語によって好まれる把握の仕方は異なります。これが〈日本語らしさ〉や〈英語らしさ〉といった〈らしさ〉に繋がるのです。話者が自分にとって好ましい方向へ行くことこそ人間の本能です。一つの事態をいろいろなやり方で把握し，それが異なる表現になってあらわれることで，言語間の相違が生じるのです。この認知言語学でいう言語類型論を「認知類型論（cognitive typology）」と言います。

　一つの事態に対していろいろな把握の仕方があるという例を挙げましょう。英語で未来を表すのにもいろいろな把握の仕方があり，さまざまな表現があります。古い英語では，未来を表す法助動詞に will と shall の二つがありましたが，歴史的な変化の中で，意志の will が shall を追い出して，未来を表す唯一の法助動詞になりました。shall は will と争い，意志の意味がなくなり，義務を表すようになります。「義務を負っている」ということは

「将来なされること」でもありますので，結局，shall は未来を表す法助動詞に戻りました。ただし，現代英語で shall の未来を表す用法は，とりわけ米語では使われなりました。その他，「行く」という意味の動詞 go が be going to という未来表現に転用されましたので，未来を表すのに will, shall, be going to という 3 種類のモダリティ形式が選択肢として用意されていたことになり，3 種類の把握の仕方が可能になっていたわけです。

　人間が事態を言語化する際，事態を認知的に処理する過程で，話者の主体性が関与します。言葉に乗せる，すなわち言語化することを前提とし，話者自身が「関与性有り」と主体的に判断する物事のみを言語化するのです。これは，まさにアメリカの心理学者であり言語学者でもあるスロービン（Slobin (1996)）が提唱した "Thinking for speaking（話すために考える）" という理念と合致します。すなわち，個別言語にはそれぞれ固有の仕組みがあり，人間は自らが使用する言語の仕組に合うように考えて言語化するという言語相対論です。話者は，主体性との関わりから考えをまとめ（formulation of ideas），そのまとまった考えを言語化し表現します。したがって，自分にとって意味のあるもの，自分にとって好ましいものが重要となり，これを「関連性（relevance）がある，すなわち関与している」と言います。同じ事態でも各々にとっての意味は異なります。自分にとってどういう意味があるかが「認知的な営み」なのです。それは生きるという営みにおいて不可欠のものであるといえましょう。

第2章　認知言語学の言語観　　27

　認知の主体としての話者は関連性の高いものとして表現しよう
とします。これを「話者の主体性」と呼びます。話者は〈認知の
主体〉だけではなく，次に〈発話の主体〉にならなくてはなりま
せん。そこには言語化するという制約がかかってくるのです。す
なわち，認知の主体である話者の関与度が高くなると，話者は主
体的に認知的処理を行います。その際，話者の推論が働き，モダ
リティを使って言語化するわけです。聞き手の言っていることを
推し量るとは，まさに「推量」という認知的営みになります。し
たがって，「認知的な営み」とモダリティとは不即不離の関係に
あるのです。認知とは，人間の心の働きでありますが，決して感
情的なもの，主観的なのではありません。当然のことながら，モ
ダリティも主観的なものではありません。
　概して，モダリティは「発話時における話し手の心的態度」を
表すとされてきました。分かりやすく言えば，他人の心の内は，
外面に現れた兆候や知識から推し量るしか認識しようがありませ
ん。この推し量りを表現するのがモダリティなのです。「知情意」
の「知」という知的操作によって推論が起こり，これを言語化する
のがモダリティです。推論は重要な認知的な営みであります。す
なわち「知的に考える」ということと通じます。そして客観的に
受け止めた物事を推し量ることで「情」になり，さらには「意」の
意志，つまり「したい」という人間の心の根幹へと繋がっていき
ます。このような人の心の働きこそが「話者の営み」なのです。
80年代半ばまでは認知言語学でも「知」までがことばの問題と

して取り上げられてきました。その後，「情」や「意」にまで広げて取り上げられ，認知言語学では「話者としての人間」が注目され，言葉の背後に話者の事態の捉え方，認識の違いがあるという考え方が生まれました。よって，80年代後半から盛行を見せた認知言語学の〈認知〉の「知」とは人の心の働きのことであり，そこには「推論」という重要な認知的営みが働き，それを言語化するのがモダリティなのです。モダリティを捉える上で基軸となる〈話者の営み〉こそが認知言語学の根幹を成しているといえます。

　このように，認知言語学という学問が現れ，話者の主体性は重要視されるようになりました。すなわち，話者自身に関連するものを話者が選ぶという点で，話者の主体性が重要になったわけです。これは，まさに，話し手の心的態度を表すモダリティの概念と通底します。

第 3 章

事態の捉え方を表す表現としてのモダリティ

この章では，英語のモダリティと日本語のモダリティについて，この順に具体的な現象を見ていきたいと思います。

3.1. 英語のモダリティ

モダリティという概念は，元来，欧米の様相論理学上の捉え方が英語に適用されたものです。まずは，その英語のモダリティから見てみましょう。

あらためて，モダリティとは何かという問いに対し，中右（1994）は「発話時点における話し手の心的態度を表す」と述べています。このモダリティを表すカテゴリーには，法助動詞，法形容詞や法副詞などがあります。ただ，モダリティの意味機能を十全に表しているのは法助動詞ですので，本書において，モダリティとは法助動詞の機能をもっぱら指すことにします。

モダリティに関して先駆的な研究を行ってきたパーマー（Palmer）は，モダリティの体系を次の（1）のように示しています。

第3章 事態の捉え方を表す表現としてのモダリティ　31

(1)　命題的モダリティ（propositional modality）

　　認識的モダリティ（epistemic modality：推測・推定・
　　　　可能性・必然性）

　　証拠的モダリティ（evidential modality：感覚的・報
　　　　告的・伝聞）

　事象的モダリティ（event modality）

　　束縛的モダリティ（deontic modality：義務・必要・
　　　　許可・約束）

　　力動的モダリティ（dynamic modality：能力・意志）

Palmer (1990, 2001) は，(1) で示すように，「命題的モダリティ
（命題の真実性に関する話し手の判断）」と「事象的モダリティ（起
こり得る事象に対する話し手の態度）」の二つに大別した上で，そ
れぞれをさらに二つに下位分類しています。命題的モダリティは
「認識的モダリティ」と「証拠的モダリティ」に下位分類されてお
り，認識的モダリティは命題の真実性に対する話し手の心的態度
を表すもので，証拠的モダリティは命題の真実性を裏付ける証拠
に関するものを言います。一方の事象的モダリティは「束縛的モ
ダリティ」と「力動的モダリティ」に下位分類されています。束
縛的モダリティは，主語の義務，許可や必要性を表し，事象を引
き起こす力が主語の外部にあるものを言い，力動的モダリティは
主語の意志，能力や傾向を表し，事象を引き起こす力が主語の内
的な力であるものを指します (Palmer (2001: 8))。

> **コラム**

epistemic modality / deontic modality という用語の由来

　epistemic modality（認識的モダリティ）における epistemic という用語は，knowledge（知識）を意味するギリシャ語の epistēmē に由来します。epistemic modality とは，本来「知識」に関する論理を扱う認識論理学（epistemic logic）で用いられた用語です。命題の事実性に対する話し手の判断を表します（Lyons（1977: 434））。

　一方，deontic modality（束縛的モダリティ）の deontic という用語の deon は 'what is binding'（拘束・束縛しているもの）を意味するギリシャ語で，requirement（必要）という概念を表しています。deontic modality は様相論理学の一種である義務論理学（deontic logic）に由来します。義務論理学とは義務と許可に関わる論理学であり，言語学においても義務／許可の概念を指してこの用語を用いてきました。

　この二つに加え，Palmer は第 3 のモダリティとして，dynamic modality（力動的モダリティ）という分類を提唱しました。dynamic modality（力動的モダリティ）は「行為を引き起こす要因が主語の内側（たとえば意志，能力や性向）にあること」を表しています。英語の助動詞 can には，epistemic modality（認識的モダリティ），deontic modality（束縛的モダリティ），dynamic modality（力動的モダリティ）の三つすべてが観察されます。

第3章 事態の捉え方を表す表現としてのモダリティ 33

では，具体的に，英語の法助動詞 can, will, may, must の四つについて，この順に用例を見ていきたいと思います。まず，法助動詞 can の多義性は次のように例示できます。

(2) a. She *can* speak four languages. ［能力］

(彼女は4か国語を話すことが<u>できる</u>。)

b. You *can* use the PC if you want to. ［許可］

(パソコンを使いたかったら使って<u>もいい</u>よ。)

c. I *can* go home earlier tonight at this rate.

［状況からみた可能］

(この調子なら今夜はいつもより早く帰ることが<u>できる</u>。)

d. Smoking *can* cause cancer. ［可能性］

(喫煙は癌の要因に<u>なり得る</u>。)

(2a) の can は主語 she の［能力］を表す力動的モダリティ，(2b) は［許可］を表す束縛的モダリティに相当します。(2c) は［状況からみた可能］，(2d) は［可能性］を表し，認識的モダリティに相当します。

次に，英語の法助動詞 will については，(3) が示すように，［意志］と［推量］の二つの用法が観察されます。

(3) a. No matter what happens, I *will* accomplish it. ［意志］

(何が起ころうともやり遂げて<u>みせる</u>。)

b. She *will* be in Paris by now. ［推量］

（彼女は今ごろパリについている<u>だろう</u>。）

(3a) の will は［意志］を表す束縛的モダリティに相当し，(3b) は［推量］を表す認識的モダリティに相当します。

また，英語の法助動詞 may には，次の (4) で例示されるように，［許可］と［可能性］の二つの用法が観察されます。

(4) a. Whoever has finished *may* go home.　　　［許可］

（終わった人は家に帰って<u>いいですよ</u>。）

b. He *may* or *may* not pass the exam.　　　［可能性］

（彼は試験に受かる<u>かもしれない</u>し，受からない<u>かもしれない</u>。）

(4a) の may は［許可］を表す束縛的モダリティに，(4b) は［可能性］を表す認識的モダリティに相当します。

最後に，英語の法助動詞 must には，次の (5) が示すように，［義務］と［勧め］と［確信のある推定］という三つの用法が観察されます。

(5) a. One *must* eat to live.　　　　　　　　　　［義務］

（人は生きるためには食べ<u>なければならない</u>。）

b. You *must* stay with us.　　　　　　　　　　［勧め］

（<u>ぜひ</u>我が家に来て<u>ください</u>。）

c. You *must* be tired, driving alone all the way from Kyoto.　　　　　　　　　　　　　　　　［確信のある推定］

（京都からずっと一人で運転してきたので，<u>さぞ</u>お疲れのこ

とでしょう。)

(5a) の［義務］と (5b) の［勧め］は束縛的モダリティ, (5c) の
［確信のある推定］は認識的モダリティに相当します。

このように, 英語のモダリティは一つの形式が複数の意味・機
能を担っていて, 多義的です。そもそも, 英語のモダリティは名
称, 性質や分類などが多岐にわたっており, そうした多様性を整
理するため, 次に挙げるようなさまざまな分類法によって解釈さ
れてきました。

Coates (1983) や Sweetser (1990) は大きく「根源的モダリ
ティ (root modality)」と「認識的モダリティ」の 2 分法を提唱し
ています。彼女らによれば, 根源的モダリティには束縛的モダリ
ティと力動的モダリティの両方が含まれ, いわば非認識的なモダ
リティの総称ということになります。

Narrog (2012) はモダリティを事実性未定の表示とし, 束縛
的モダリティ／認識的モダリティという名称の代わりに, 意志性
／非意志性 (volitive／non-volitive) という対立で説明していま
す。意志性が束縛的モダリティで, 非意志性が認識的モダリティ
です。さらに, 横軸に意志性／非意志性 (volitive／non-volitive),
縦軸に事態中心／発話内行為（言語行為）中心 (event-oriented／
speech-act oriented) という 2 次元を描き, モダリティを分析し
ています。たとえば,［可能性］を表すモダリティは非意志性で
事態中心の領域にあります。

従来，モダリティといえば，認識的モダリティと束縛的モダリティという2項対立で頻繁に議論されてきました。たとえば，英語の法助動詞 may と must については，それぞれ (6) と (7) のように例示されます。

(6) a. She *may* be aware of this.

（彼女はこのことを承知しているかもしれない。）

b. You *may* take a rest.

（君は休んでよろしい。）

(7) a. She *must* be aware of this.

（彼女はこのことを承知しているに違いない。）

b. You *must* take a rest.

（君は休息をとらなければならない。）

ここで例示したように，may には，(6a) のような認識的モダリティの「かもしれない」と，(6b) のような束縛的モダリティの「してもよい」とがあります。一方，must には，(7a) のような認識的モダリティの「に違いない」と，(7b) のような束縛的モダリティの「しなければならない」とがあります。このように，may や must には，それぞれ「認識的モダリティ」の意味と「束縛的モダリティ」の意味が見られるのです。

元来 may と must の「認識的モダリティ」は，命題の存在のあり方を追究した様相論理学における「可能性」対「必然性」と

いう対立概念から発しているとされてきました。しかしながら，様相論理学のアプローチからの「可能性」対「必然性」という対立概念よりも，「命題に対する話し手の心的態度」，すなわち「話者の関与」のほうが重要であると考えられるようになりました。それがこれから説明する「指向性」という捉え方です。Palmer (1979) は，「指向性」という観点から「話し手指向的 (speaker-oriented)」と「主語指向的 (subject-oriented)」という概念を提唱しました。ここでいう「話し手指向」というのは命題に対する話者の判断を示すもので，認識的モダリティが，この点で「話し手指向的」と特徴づけられます。一方の「主語指向」というのは命題に示された行為の実現性を示し，主語に課せられる拘束または拘束からの免除を表すもので，前述の束縛的モダリティが「主語指向的」なものと特徴づけられます。

　では，具体的な例を見てみましょう。次の (8) は，認識的モダリティの例ですが，Palmer (1979) の観点からすると「話し手指向的」なモダリティということになります。

(8) a.　He *must* be an English teacher.　　　　　　［必然性］

　　 b.　It *may* rain later in the evening.　　　　　　［可能性］

これらのモダリティが話し手指向的であるというのは，(8a) において「彼が英語教師である」ことについて「～であるに違いない」という必然性を判断しているのが話者であり，(8b) において「雨が降る」ことについて「～かもしれない」という可能性が

あると判断しているのも話者であるからにほかなりません。

次の (9) は，束縛的モダリティの例ですが，Palmer (1979) によれば「主語指向的」なモダリティということになります。

(9) a. I *must* leave now.　　　　　　　　　　　［義務・必要］

　　b. Whoever has finished *may* go home.　　　［許可］

　　c. You *can* smoke in here.　　　　　　　　　［許可］

これらのモダリティが主語指向的であるというのは，(9a) において「私が行く」ことに「～しなければならない」という義務や必然性を生じさせているのが「私」という主語の問題だからであり，(9b) において「帰宅する」ことが「～してもよい」のように許されるのも，（話者ではなく）主語に関する問題だからと説明されます。(9c) でも，「喫煙」を「～してもよい」というように許されるかどうかは主語の問題ということが分かると思います。このように，束縛的モダリティはこれから起こると目される出来事に対する主語の義務，許可や必要性を表します。よって，(9) は命題に表された行為の実現性を示し，主語に課せられる拘束または拘束からの免除を意味する点で主語指向的 (subject-oriented) なのです。

また，(10) のような力動的モダリティは主語の意志，能力や傾向 (propensity) を表します。出来事を引き起こす要因が文の主語に内在しているので，主語指向的と言えます。

（10） a．　She *can* speak four languages.　　　　　　　［能力］

　　　 b．　I *will* do that for you.　　　　　　　　　　　［意志］

（10）が主語指向的というのは，（10a）において主語 she の能力
を取り上げているからであり，（10b）においても主語 I の意志
を取り上げているからにほかありません。ただし，You *will* do
that for me. となると命令を表し，聞き手指向になります。

　先に述べたように，Palmer の分類で「命題的モダリティ」は
話し手指向であり，「事象的モダリティ」は主語指向と分類され
ます。指向性に基づいて，モダリティを整理すると表1のように
なります。

表1　指向性の観点からみたモダリティ

	can	may	must	will
話し手指向	可能性 （否・疑）	可能性	必然性	推量
主語指向	能力			意志
聞き手（対人） 指向	許可・依頼・ 命令	許可・祈願・ 譲歩	義務・命令・ 約束	依頼・ 命令

　ところで，事象を描写するとき，一般に「状態（states）」と「出
来事（event）」に区別することがあります。「状態」というのは，
時間軸の中で一定の長さで保持される事態で，John speaks
French.（フランス語を話す）のようなものをいいます。「出来事」は，
まさに一回ごとの出来事で，She told a lie yesterday. のような

ものが出来事に相当します。

認識的モダリティは，通常「状態」について用いられ，「出来事」には用いられませんので，John *can* speak French.（フランス語を話すことができる）のように言うことはできますが，She *must* tell a lie. のような言い方はせず，強いて言うなら，She *must* be telling a lie. のように「状態」にした上でモダリティを付けることになります。進行相にすることで，一種の状態として解されるからです。一方，束縛的モダリティは出来事（event）に関わるものですが，出来事が実行された結果状態性を伴います。たとえば，She *must* be in bed. という文は，一見して状態的に使われているように見えますが，［移動 → 到着／（結果としての）状態］というメトニミー的解釈をすれば動作（action）と捉えられます。また，モダリティの作用域（scope）の点から述べると，She *must* be telling a lie. の場合，認識的モダリティ must は She is telling a lie. という命題全体を作用域とします。一方，You *can* smoke in here. の場合，許可を表す束縛的モダリティ can には主語が入らず，smoke in here といった述部のみが can の作用域となります。

　　☞ 認識的モダリティは「状態」，束縛的モダリティは「出来事の結果としての状態」について用いられます。

本書で扱う認知言語学においては話者との関与性（relevance）が基本概念としてあります。この認知文法論の Bybee et al.

（1994）も speaker-oriented（話し手指向的）／agent-oriented（行為者指向的）といった2項対立の立場をとっています。話し手指向のモダリティとは認識的モダリティのことです。これらは，命題というコトの真実性に対して，「〜（コト）かもしれない（may）」「〜（コト）に違いない（must）」「〜（コト）だろう（will）」と話し手が査定することを表しています。認識的モダリティはコトのレベルに関わるものといえます。主語指向のモダリティとは力動的モダリティのことです。「〜できる」や「〜するつもりがある」を表し，個人的なモノやヒトのレベルに関わるものです。次の例をご覧ください。

(11) a. He *must* be careless.
　　　（注意が足りていないんでしょ。）

　　 b. He *must* be careful.
　　　（注意していただかないと。）

(11a) の must は注意不足というコトに対する話者の判断を表す認識的モダリティで，(11b) の must は聞き手に対して「注意不足」を指摘している束縛的モダリティです。

　一方，表1の聞き手指向とは，対人関係における相互作用（social interaction）に左右され，社会的なレベルに関わるものですから，束縛的モダリティに該当します。文脈の中で聞き手に対し何らかの働きかけをするという意味では「発話行為的モダリティ」

42

(speech-act modality)[1] とも言えましょう。次の例をご覧ください。

(12) a. Dogs *must* be carried.

b. ?You *must* carry dogs.

(12a) の must は「犬は抱かれなければなりません」という義務を表す束縛的モダリティであり，聞き手指向です。たとえば，エスカレーターの昇降口に「犬は抱いて乗ってください」という意味を表す掲示を貼るとしたら，(12a) になります。この場合，(12b) は誰もが犬を連れているわけではないので不適切です。

☞ 指向性の観点からモダリティを分析すると，認識的モダリティは話し手指向，力動的モダリティは主語指向，束縛的モダリティは聞き手指向ということになります。

┌─ **コラム** ─┐

speech act（発話行為）

　文を述べること自体がその行為の遂行そのものであるような発話を「発話行為」と言います。オックスフォード大学で教鞭をとっていた言語哲学者 J. L. オースティンが 1962 年に刊行した "How to do things with words" という本のタイ

---

　[1] 発話行為的モダリティとは，文に記述された行為（命令・許可・禁止・勧誘・依頼・要求・忠告・脅し・宣告や約束など）が発話と同時にその言語行動を遂行することを促すモダリティのことを言います。

トルは「言葉で事をなすには」，すなわち「言葉で行為する」ということを表しています。オースティンによると，発話には2種類あり，ひとつが「事実確認的な発話」，もう一つが「遂行的な発話」です。後者は「言う」ということで同時に行為が遂行されるというもので，判決や宣誓などに該当します。このような儀式的な遂行発話から祝福・忠告・約束などの日常のコミュニケーションで使われる遂行動詞まで解明していったオースティンの考察をもとに，アメリカの言語哲学者サールが，〈発話＝行為〉というルールに基づいて，約束・依頼・感謝といった言語行為，すなわち「発話内行為」(illocutionary act) を分析しました (Searle (1969))。発話内行為では，依頼，許可，感謝，謝罪や褒めなど，言葉を発することそのものが，その行為となっています。発話とその意図することが同じ場合を「直接的発話内行為」，異なる場合を「間接的発話内行為」と言います。それらの表現は，聞き手との力関係，親疎関係，行為の重要度，依頼の緊急度や聞き手への負担度などさまざまな文脈によって異なり，丁寧度も変わってきます。たとえば，依頼表現の場合 Will you help me? < Would you help me? < Can you help me? < Could you help me? < Would you mind helping me? の順に丁寧度が高くなります。このように，良好な人間関係を構築するために，われわれはさまざまなモダリティを駆使しています。さらに，同じ発話内行為であっても言語が違えば，そのストラテジーも異なります。よって，文化差や言語差が深く根差しているといえます。このような発話内行為論によっ

て，コミュニケーション上の文は命題内容の伝達だけではないことが決定的に知らしめられたわけです。

3.2.　can はなぜ多用されるのか

アメリカの大統領であったオバマ氏が選挙演説で "Yes, we can. Yes, we did." と繰り返し叫んでいた声は今でも響いてきます。ここで「私たち（We)」を使うことは，聞き手を鼓舞するだけでなく，聞き手を巻き込み，心理的距離をなくし，共感や仲間意識を作り上げる効果をもたらします。さらに，can を使うことで，人為的に手を施すという躍動感溢れる表現になっています。この can を日本語で解釈すると当然「できる」となりますが，日本語の「できる」は「自然に出て来る」というように，人間の意志が絡んでいない自発的な意味ですので，英語の can とは異なります。澤田（2006: 388) には，「自発においては，心理（もしくは，意識）主体に，ある心的作用が自然に生じるという心的経験が表されている」という説明があります。これは，尾上（1998) のいう「出来（しゅったい)」に由来します。

昨今の動向として，束縛的用法の許可を表す may，義務を表す must はほとんど使われなくなった一方で，can の使用頻度は依然として高いのです。許可や義務は may や must で表さず，be allowed to や be supposed to のような迂言的表現（semi-

modals）で代用する傾向にあります。それは，英語がコミュニ
ケーション手段としての役割に特化すればするほど，主体を強調
せず，むしろ他者との関係を重視するからです。なお，認識的用
法は may が主流になっています。Facchinetti（2003: 305）が
the British Component of the International Corpus of English
から現代イギリス英語のモダリティの使用を分析した結果，may
の認識的用法は 61％で，力動的用法は主に科学的な文書のよう
な学術的なもので使用され 24％，束縛的用法は主に学術的なも
のに使用され 14％と非常に少ないことが指摘されています。
may は認識的用法の可能性を表す場合が多いのに対し，can の
守備範囲は広く，多岐にわたって使われています。その点で，日
常的に頻繁に使われるようになった can は多義の典型といえま
す。実際，can には，次のような用法も観察されます。

(13) a. *Can* you help me with this work? ［依頼］

　　 b. I *can* see you tomorrow. ［提案］

　　 c. You *can* sit here if you like. ［指示］

(13a) の can は能力を表し，「手伝ってくれませんか」という依
頼表現になっています。(13b) は There will be nothing which
prevents me from seeing you tomorrow.（明日お会いすることを妨
げるものはない）を含意していて，「明日会えますが，いかがです
か」というように提案するときに使われます。また，(13c) の can
は許可と能力の両義を兼ね備えていますが，「よろしければここ

にお座りください」という相手に対する指示を表しています。

　人間が主語になると「〜する能力がある」を表しますが，無生物が主語になると「〜するものである」というような性向（intrinsic propensity）を表し，日常的な会話だけでなく学術的な表現としても使われます。また，可能性を表す「かもしれない」の短縮形「かも」には，「あり得る」と「起こる可能性がある」の両義があります。

(14) a.　I dropped my laptop this morning.　My computer *can* crash!

　　　　（今朝パソコン，落としちゃってさ，クラッシュするかも。）

　　b.　By and by it *can* become colder again.

　　　　（やがてまた寒くなるかもね。）

　　c.　This train is slowing down. It *can* stop.

　　　　（この電車，徐行しているよ。とまるかもね。）

　　d.　This party *can* be canceled.

　　　　（このパーティはキャンセルになるかもよ。）

　　e.　Judging from the look of the sky, it *can* rain again.

　　　　（空模様からすると，また降ってくるかもね。）

(14a) の can の文を，「クラッシュするかも」のように訳すとすれば，文末の「〜かも」に可能性が反映されます。(14b) でも can は「寒くなる」ことの可能性を表しています。同様に，(14c) (14d) (14e) でも can は日本語の「かも」に相当する意味を表し

第3章　事態の捉え方を表す表現としてのモダリティ　47

ています。

can には，次の例が示すように，(15a) や (15b) のような力動的モダリティの「できる」，(15c) の「してもよい」を表す束縛的モダリティと (15d) の「かもしれない」を表す認識的モダリティがあります。ただし，can が認識的用法で用いられる環境は，否定的・疑問的文脈の場合が多いです。

(15) a.　mental ability（知的能力）:

She *can* speak Japanese.

（彼女は日本語が話せる。）

b.　physical ability（身体能力）:

I *can* lift this stone.

（この石は持ち上げられる。）

c.　permission（許可）:

You *can* smoke here.

（ここでタバコを吸ってもいいよ。）

d.　possibility（可能性）:

The news *can*'t be true.

（その知らせは本当のはずがない。）

e.　root possibility（状況可能）:

This game *can* be played by the aged.

（このゲームは高齢者にもできる。）

(15e) の状況可能 (root possibility) は「〜し得る」あるいは「あ

り得る」と解釈されます。状況可能という特異な用法があるために，can は多種多様な使われ方をするのです。状況可能とは，能力の「できる」と可能性の「かもしれない」の両義を併せ持った用法です。Coates（1983）はこのようなモダリティの曖昧性を"fuzzy"という用語で説明しています。（15a）と（15b）は行為者である主語の能力・属性の有無を問うのに対し，（15e）の状況可能は，行為者である主語の能力・属性以外の状況によって，認知主体である話者がその可能性を判断するものです。

　この状況可能は内的可能というよりも外的状況によって可能な場合に使われます。たとえば，（16）は，行為者の能力・属性以外の外的条件（環境や物理的状況など）が行為の実行の可能性をもたらすことを表します。

(16)　Flying planes *can* be dangerous.
　　　（飛んでいる飛行機は危険なこともあり得る。）

「時として起こり得る，起こることもあり得る」の can を Palmer（1990: 107-109）は existential modality（存在のモダリティ）と呼んでいます。状況が時々存在するということから，状況可能とも言えます。上に挙げた（14）の例もすべて，事態が実現されるか，また現実化を引き起こす潜在的可能性（potentiality）があるかどうかに言及する状況可能です。

　ところで，可能性（possibility）は can のほかに may によっても表されますが，両者の可能性はどのように異なるのでしょ

第3章 事態の捉え方を表す表現としてのモダリティ　49

か。Leech（1987: 81-82）によれば，may は「現実的根拠に基づき出来事が現実に起こる可能性を話者が判断することを表す」とされ，これを現実的可能性（factual possibility）と呼んでいます。一方の can は，「理論上，考えられ得る出来事を描写する」とされ，この点で理論的可能性（theoretical possibility）を表すと説明されています。具体例を挙げると，(17) も (18) も「その道路は封鎖されるかもしれない」という同じ日本語訳になりますが，(17) が現実的可能性を表す例文で，(18) は理論的可能性を表す例文になります。

(17) a.　The road may be blocked.

　　 b.　It is possible that the road is blocked.

　　 c.　Perhaps the road is blocked.

(18) a.　The road can be blocked.

　　 b.　It is possible for the road to be blocked.

　　 c.　It is possible to block the road.

(Leech (1987: 81))

(17) の may は that 節で書き換えられていますが，that 節中には時制も表現されますので現実的と言えます。そこには実際に現実化しそうな状況にあることが示され現実的可能性を表しています。一方，(18) の can はこれから起こることを示す不定詞で書き換えられ，「封鎖しようと思えばできる」や「場合によっては

封鎖もあり得る」という理論的可能性を表しています。一つ補足すると，理論的可能性は，理論的に "possible / impossible（あり得る／あり得ない）" という 2 項対立で判断する可能性を表しています。たとえば，I *can* go anywhere you like since we have enough time.（時間が十分あるからどこにでも行けるよ）の can も理論的可能性です。この can は人間の能力に言及しているのではなく，「主語の行動の自由を妨害するものは外部の情況の中には何も存在しないのでそれができる」という状況可能（root possibility）を表しています。

　状況可能を詳述するにあたって，まず Radden and Dirven (2007: 256) による可能性を表す can と may の説明を見てみましょう。

(19) a.　You can download PowerPoint from Microsoft.

　　　　'it is possible for you to download ...'

　　　　[intrinsic possibility]

　　b.　You may have PowerPoint on your computer.

　　　　'it is possible that you have ...'

　　　　[epistemic possibility]

(19a) の "intrinsic possibility" は聞き手の行為の可能性が特定されていない話者以外のもの (speaker-external) によって査定されることを含意するので，状況可能 (root possibility) に該当します。一方，(19b) の may は話者の主観的な査定からの可能性

第3章　事態の捉え方を表す表現としてのモダリティ　51

(epistemic possibility) を表しています。

　状況可能というのは「行為の実行を可能にする外的条件が整っ
ている」ことを表しますが，実は，次の (20) の can も状況可能
なのです。

(20) a.　*Can* you help me with preparing breakfast?　［依頼］
　　　　（朝食の手伝いをしてもらえますか。）

　　 b.　I *can* go with you tomorrow.　　　　　　　　　［提案］
　　　　（＝There will be nothing which prevents me from
　　　　going with you tomorrow.）
　　　　（明日一緒に行けるから，行こうか。）

　　 c.　You *can* stay here tonight as it is so late.　　　［指示］
　　　　（＝There will be nothing which prevents you from
　　　　staying here tonight.）
　　　　（もう遅いから今晩はここに泊まりなさい。）

もし (20a) の can が主語の潜在的な能力を問う能力可能を表し
ているとしたら，聞き手に能力の有無を問うことになり失礼であ
ると捉えられるでしょう。しかしながら，依頼の can が状況可
能であれば，失礼とは解釈されません。また，(20b) や (20c)
は，状況可能の can が「間主観化」を経て，多様な発話の力を発
揮し，遂行的な用法へと意味拡張した例です（モダリティの意味
拡張に関しては第5章で詳述します）。このように，can が語用
論的に多種多様に解釈されるのは，「すべて行為者の属性以外の

ものに起因する状況可能」を表しているからです。ちなみに，渋谷（2005）は，日本語でも「禁止」を表すのは「能力可能」ではなく「状況可能」の表現であることが多いと述べています。状況可能の can は，意味拡張して間主観化することから，「間主観的モダリティ」(intersubjective modality) と呼んでもいいでしょう。

また，状況可能は，状況が許せば起こり得る可能性を表しますので，話者が否定的な事態の可能性を予想する場合，それが起こるのを防ぎたいと思うのは当然でしょう。その際，行為者の能力ではどうにもならないとなると，外的状況に委ねるしかありません。一般に「can の可能性は否定形・疑問形（そもそも疑問形は否定概念を前提としています）で使われることが多い」と言われていますが，この言語現象も論理的整合性があります。

☞ モダリティの中でも can がとりわけ多義であるのは状況可能という特殊な用法があるためです。

コラム

間主観化

Traugott (2003: 128) は「間主観化」(intersubjectification) を「話者（書き手）が聞き手（読み手）の 『自己』へ向けた注意が明確に表現されること」と定義しています。Traugott (2003: 129) は文法化の一方向性仮説として［非主観的意味 ＞ 主観的意味 ＞ 間主観的意味］というプロセスを提唱し，

歴史的には，非主観化を起源として，間主観化はそれより後に起こるものと説明しています。主観化が話者の個人レベルの主観であるのに対し，間主観化された意味とはより聞き手に焦点を置いたものになるということです。聞き手の態度や認識だけでなく，聞き手との社会的関係において話者が注目している語用論的推論の果てに意味化されることですので，聞き手レベルというよりも共同体レベルで共有されるものと考えるほうがよいでしょう。事実，Tomasello（2006: 128–129）は「記号が社会的に他人と『共有されている』という意味において，間主観的（intersubjective）であり…」と説明しています。すなわち，コミュニケーション上の言語共同体の成員が偶然同一，または近似な情報を共有・共感した際は，聞き手に対する配慮もしながら共同行為を思案・提案するといった間主観化が起こるのです。間主観化は会話の進行に不可欠な共有認識や相互理解を促すプロセスであり，共同体レベルのものといえましょう。

3.3. 日本語のモダリティ

これまで日本語のモダリティは文法的カテゴリーとしてではなく，意味的カテゴリーとして分析され，その守備範囲は広すぎるものでした。たとえば，テンスの「た」は発見や気づきを表す場合，話者が介在するという点からモダリティと捉えられてきまし

た。話者が介在する主観的なものすべてをモダリティとして考え
てきたのです。それゆえ，日本語のテンス／アスペクト／モダリ
ティは綺麗に峻別されないと思われています。

　そもそも日本語のモダリティといえば，古代語では「む」が代
表であり，現代語では「う」や「よう」を挙げることができるで
しょう。先述のように，英語のモダリティは様相論理学の「可能
性」や「必然性」という概念で捉えることができましたが，日本
語のモダリティは，古代語の「む」も現代語の「う」「よう」も，
「可能性」や「必然性」という観点から規定するには難しいものが
あります。また，現代日本語では，推量を表す「だろう」が認識
的モダリティのプロトタイプですので，この「だろう」に「可能
性」や「必然性」の概念は当てはまりません。

　英語の助動詞 may には，第 3 章第 1 節で述べたように，認識
的モダリティと束縛的モダリティの二つの意味がありました。一
方，日本語の「かもしれない」や「してもよい」は，訳語として
は may に対応する表現といえるでしょうが，「かもしれない」は
認識的モダリティのみを表し，「してもよい」は束縛的モダリティ
のみを表しますので，日本語では，一つの形式が認識的モダリ
ティと束縛的モダリティの両方を表すことはありません。これを
整理すると，英語は認識的モダリティと束縛的モダリティを一つ
の法助動詞で表すのに対し，日本語において，多くの場合，認識
的モダリティと束縛的モダリティは系列が異なり，関連し合って
いないことが分かります。そもそも日本語の「してもよい」や

第3章　事態の捉え方を表す表現としてのモダリティ　55

「しなければならない」は評価を表す複合文末形式ですので，モダリティというよりも命題要素の一部であると考えられます。よって，日本語には束縛的モダリティが存在しないということになります。

　英語の束縛的モダリティの基本概念は「義務」であると説明しましたが，日本語の基本概念は「意志（volition）」です。日本語の「〜してもよい」の根底には「〜する意志を妨げない」の意味があり，「意志」が含まれていることが分かるでしょう。たとえば，「夜まさに明け<u>む</u>とす」の中で，「む」は弱い推量と解釈されますが，本来「む」は「〜しようとする」のような意志を表します。このように，日本語のモダリティには「意志性」が絡んでいるのです。

　日本語のモダリティは，一つの形式が一つの意味・機能を担うという単義的なものが多いのですが，例外もあります。その一例の「う」や「よう」は，意志と推量の両義を兼ね備えた法助動詞として現存しています。具体例を，次の（21）で挙げましょう。

(21) a.　明日には雪も消え<u>よう</u>。　　　　　　　　　［推量］

　　　b.　あの店は，さぞ高かろ<u>う</u>。　　　　　　　　［推量］

　　　c.　これで飲むのはやめ<u>よう</u>。　　　　　　　　［意志］

　　　d.　駅まで車で行こ<u>う</u>。　　　　　　　　　　　［意志］

(21a) の「よう」と (21b) の「う」は，いずれも推量を表しており，(21c) の「よう」と (21d) の「う」は，いずれも意志を表し

ます。「う」や「よう」の表す両義のうち，推量は認識的モダリティであり，意志は力動的モダリティでありますから，この点で「う」や「よう」のモダリティは多義といえます。(21d) の「駅まで車で行こう」は話し手の思いにとどまらず，聞き手に誘いかけた場合「行きませんか」「行きましょう」という勧誘の用法になります。この「う」や「よう」は認識的用法と力動的モダリティを兼ね備えていて，多義的な英語のモダリティ will に限りなく近いものです。この場合，「だろう」に置き換えてみて，意味が変わらなければ推量，変われば意志や勧誘になります。

コラム

プロトタイプ

　プロトタイプ（典型例）とは，あるカテゴリーの中で中心的・代表的・典型的なメンバーのことで，まさに「らしさ」という概念を内在させています。たとえば，「少女」のカテゴリーにおいてプロトタイプといえば「いかにも少女らしい少女」のことを言います。それが中心にあり，その周辺には，老けた少女や大人びた少女などがあります。要するに，カテゴリーに属するメンバーは均一でなく，中心的なものと周辺的なものがあるということです。認知は人間の心の働きが重要であり，常に人間が絡んでいるので，プロトタイプを考慮する必要があります。

3.4. 証拠性を表すモダリティ

　日本語のモダリティの中でも，認識的モダリティは話者の主観的なものに対する判断を表すという意味で，話者が確固たる存在となっています。ただ，話者の関与こそはあっても話者の意志性が含まれていないところに特徴があります。意志性がないという点で共通するのが証拠性（evidentiality）を表す証拠的モダリティですが，これは客観的なものに対する判断を表す点で認識的モダリティと異なります。たとえば，認識的モダリティの「だろう」は，一次的には主観的なものとされていますが，客観的に用いられるケースもあり，気象情報に基づいて気象予報士が「明日は春一番が吹く<u>だろう</u>」と予測するときや，商品販売に関する膨大なデータに基づいて「今回の商品はヒットする<u>だろう</u>」というときの「だろう」は，至って客観的なものといえます。このような場合，気象庁の研究データや企業が蓄積している膨大なデータが「証拠」となって推測されていることになります。証拠性は話し手自身が確認しているということが重要です。このように，証拠となる情報をどのように入手したかを表すモダリティを証拠的モダリティと言い，体系の観点からみると，証拠的モダリティは認識的モダリティから意味拡張したものということができます。

　たとえば，証拠的モダリティの一つである［伝聞］は，伝える内容の情報源が発話の「根拠」となっています。認識的モダリティの［推量］も推し測る「根拠」がないと言えない場合もあり

ます。よって，証拠的モダリティも認識的モダリティも「根拠」があり，それがやがて話し手と聞き手の共有情報になります。また，両者とも意志性とは無関係であるという点で共通しています。これらの共通点が意味拡張する上でのスキーマ（プロトタイプと拡張事例の共通点を抽象化したもの）となっています。

証拠的モダリティが認識的モダリティから意味拡張したことを示すため，次の (22) を見てください。

(22) a. この様子じゃ，夜には晴れる<u>だろう</u>。　　　［推量］

b. 最後に鍵をかけたのは彼だから，彼が鍵の場所を知っ
ている<u>だろう</u>。　　　　　　　　　　　　　［証拠性］

(22a) は，認識的モダリティとしての推量の例ですが，その推量は「この様子」という既知の事実を根拠として行われていることが分かります。(22b) では，その「根拠」が話し手と聞き手の共有情報となって，その共有情報を根拠として判断が下されている点で，証拠に基づく証拠的モダリティということになります。

認識的モダリティは，話し手が聞き手に対して共感，配慮や注意喚起を表しているとき，証拠的モダリティとしても解釈できます。

(23) a. 日ごろの業績からみても，彼には仕事を任せられな
い<u>だろう</u>。

b. もう回復したと言っていたけど，まだ痛む<u>んだろう</u>。

(23a) では，「彼」の仕事振りに関する評価が話し手と聞き手の間で共感的に判断されており，その共通理解の証拠性が認められる限りにおいて証拠的モダリティとしても解釈できるでしょう。(23b) でも，痛みについて，聞き手に確認や同意を求めるもので，その限りにおいて証拠的モダリティ[2]としての解釈が強くなります。

　ここで，日本語におけるモダリティの歴史的な変化に目を向けてみましょう。古代語において「う」と「よう」は，意志と推量の二つの意味をもっていました。土岐 (2012: 128) は，「う」と「よう」は近世 (江戸時代) に推量の「だろう」[3]と「意味分化を果たし，現代語では意志表現専用形式として定着した」と述べています。歴史的に遡ってみると，元来「う」は非現実的な認識を表す「む」を祖とします。この「む」は，推量，意志，仮定の事態の可能性や未来を表す多義性を備えていましたが，江戸時代になって，意志は「う」が担うようになり，推量は「だろう」が担うようにと分化しました (土岐 (2010: 252-255))。ただし，「だろう」は推量を表すモダリティであるとはいえ，「う」と「よう」が

---

　[2] ここでいう証拠的モダリティの解釈については黒滝 (2013) で論じています。なお，証拠的モダリティの「だろう」に関しては，第8章第3節で再び取り上げます。

　[3] 「だろう」の場合，意志と推量の両方が未分化の状態で残っていたことについては上で触れましたが，この「だろう」は未分化，つまりニュートラルな存在であり，モダリティというよりも非現実事態を表すムード的な指標であると考えられます。非現実事態に関しては第4章で触れます。

意志と推量の両義をもっていたのと同じように,「だろう」にも意志と推量の両方が未分化の状態で残っていたとしても不思議ではありません。実際,「だろう」においては,認識的用法の推量と力動的用法の意志が明確に分化しているとは言い難く,両方の用法にまたがって使われる用例も見られます。さらに,現代語では,(23b) のように聞き手に確認や同意を求める確認要求の「だろう」が多く使われます。これは情報が聞き手領域にあるものです。一方,推量を表す「だろう」の場合,情報は話者領域にあります。

推量に基づく認識的モダリティと証拠に基づく証拠的モダリティの位置付けには,近年のモダリティ研究において諸説あります。従来,証拠的モダリティは認識的モダリティの下位カテゴリーに位置付けられてきました。しかしながら,Palmer (2001) は,(1) で示したように,命題的モダリティの下位区分として認識的モダリティと証拠的モダリティを並列に並べています。証拠的モダリティの証拠性とは「情報源を示すもの」ですが,Chafe (1986) は「知識の確実性に関わるもの」と広義に定義しています。これは,知識がどのように得られ,何をもってその知識から推論まで導かれたかを明示した上で,命題の真実性に対しどれほど信用性が得られたかを表すという考えに由来しています。推測・推論・推定といった推断には,判断するだけの証拠や根拠が必要不可欠なのです。

日本語において,「う」「よう」や「だろう」のような多義的な

第3章 事態の捉え方を表す表現としてのモダリティ　61

形式は，推量を表す認識的モダリティがプロトタイプであるといえますが，それ以外のモダリティは単義的ですから，プロトタイプという観点から説明することはできません。

　現代日本語のモダリティの意味的類型と形式を整理すると次のようになります。

　　意味的類型：　形式
　　　推　量：　「だろう」，「はずだ」，「う」，「よう」
　　　意　志：　「う」，「よう」
　　　蓋然性：　「かもしれない」（可能性），「にちがいない」
　　　　　　　　（必然性）
　　　証拠性：　「ようだ」（比況・例示・推量），「らしい」（推定），
　　　　　　　　「そうだ」（伝聞・様態），「みたいだ」（比況・
　　　　　　　　例示・推量），「だろう」

推量の「だろう」は形態的に「に＋て＋あら＋む」で構成され，「に＋て」が縮約されて「で」となり，「あら＋む」が「あろう」になって「であろう」となり，「で＋あ」が「だ」になった結果，最終的に「だろう」になりました。「はずだ」は「推論の様態」を表します。「う」「よう」において間主観的に意味拡張して勧誘が派生したことは 55 ページで述べたとおりです。蓋然性を表すものとして分類される「かもしれない」は「か＋も＋知れ＋ない」という四つの形態素からなる複合的な形式であり，「にちがいない」も「に＋違い＋ない」という三つの形態素からなる複合形式です。

証拠性の「ようだ」は「様＋だ」という構成ですが，「よう」という形式名詞が助動詞の一部になった文法化の一例です。伝聞・様態の「そうだ」も語源的には「相＋だ」であり，「相」という形式名詞を含む文法化が見られます。「みたいだ」について，湯沢（1977）の記述を参考にすると，もともとは「を＋見た＋よう」という形式であり，江戸期から明治期にかけて「○○を見たやうな」→「○○みたやうな」→「○○みたいな」のような推移で一語化し，助動詞になったと言われています。したがって，本来，「みたい」が受けるのは名詞だけであり，この点で Hopper（1991）のいう維持性（persistence）[4] が認められるわけですが，助動詞として定着すると，その後，「○○みたいだ」における「○○」の部分が名詞（モノ）から節（コト）にメタファー的に拡張し，現在では，動詞・形容詞・形容動詞・助動詞も受けるようになりました。

☞ 日本語のモダリティは概ね単義的でありますが，「う」，「よう」や「だろう」には多義性がみられ，それらは推量を表す認識的モダリティをプロトタイプとします。

---

[4]「維持性（保持化）」は，Hopper（1991）が挙げた文法化に関わる五つの原理の一つで，内容語が機能語に文法化しても，元の語彙的な意味を残したり，分布に関して文法化の過程を反映した制約をもったりすることを言います。なお，助動詞「みたい」の語誌については，湯沢（1977: 189）を参照しました。

第3章 事態の捉え方を表す表現としてのモダリティ 63

コラム

中古語のモダリティ

中古語のモダリティは，高山（2002: 11）によれば次のようになります。

〈当為・推定〉べし
〈推量〉む・らむ・けむ・まし
〈推定〉めり・終止なり
〈否定推量〉まじ・じ

もともと，「む」と「べし」は使用頻度の高い助動詞でしたので，近代文語では「む」と「べし」の2語に収斂していき，一助動詞が多様な意味用法を担うようになりました。たとえば，「む」は〈推量〉〈意志〉〈適当・勧誘〉〈婉曲・仮定〉，「べし」は〈可能〉〈当然〉〈命令〉〈義務〉というように多義でした。やがて，「なり＋む」,「めり」,「べし」や「らむ」を「だろう」が一手に引き受けます。近代口語では,「う／よう」と「だろう」の二つの形となり，このうち，「う」「よう」が意志を表し，「だろう」が推量を表すというように役割分担ができました。モダリティが衰退消滅していくと共に，「かもしれない」や「に違いない」といった複合文末形式が発達してきました。

中古語のモダリティは，非現実性を表す，いわゆるムード的なものが多かったのですが，現代語へと変遷していくにつれてモダリティ的なものもあらわれます。これが，第5章で説明する「文法化」現象というものになります。

第4章

モダリティの二つの捉え方

モダリティは曖昧模糊かつ混沌としており全体が捕捉困難であるという印象を涵養しています。その要因には，捉え方に大きく分けて二つの立場があることが関与しています。一つは，主観と客観の観点から捉える伝統的（記述的）なモダリティ論で，もう一つは現実／非現実の観点から捉える認知文法的なモダリティ論です。この二つの立場について見通しを先取りしていうと，主観／客観で捉えるモダリティ論は最終的に主観と客観の峻別の問題で行き詰まりを見せ，認知文法の手法を用いたモダリティ研究が主観／客観の問題を克服しようとしたという流れを描くことができるでしょう。

4.1. 伝統的なモダリティ観—主観と客観—

一つ目の捉え方というのは，「発話時における話し手の心的態度」の言語表現として捉える「主観表現としてのモダリティ論（主観表現論）」で，Palmer (1979)，中右 (1994)，仁田 (1991)，益岡 (1991) などがあります。従来の伝統文法ではこのような捉え方を主軸に置いていて，とりわけ日本語学や日本語教育で多く見られる立場です。

この立場に立つ研究者にも，分類の基準や名称は一様ではなく，次のようにさまざまな分類が見られます。

仁田（1991）：　「言表事態めあてのモダリティ」／「発話・
　　　　　　　　　伝達のモダリティ」という 2 項対立

森山（2000）：　「命題めあてのモダリティ」／「発話・伝達
　　　　　　　　　めあてのモダリティ」という 2 項対立

益岡（2007）：　「真偽判断のモダリティ」／「価値判断のモ
　　　　　　　　　ダリティ」という 2 項対立

仁田（1991）は「言表事態めあてのモダリティ」と「発話・伝達
のモダリィ」という 2 項対立を提唱しています。仁田（1991）に
近い考え方をしていたのが，森山（2000）の「命題めあてのモダ
リティ」と「発話・伝達めあてのモダリティ」という 2 項対立で
す。益岡（2007）は「現実世界（realis）」と「非現実世界（irre-
alis）」という対立のもとに，「判断のモダリティ」のサブカテゴ
リーとして「真偽判断のモダリティ（断定──非断定）」／「価値
判断のモダリティ（現実像──理想像）」の 2 項対立を提示してい
ます。共通して言えることは，命題以外をモダリティと捉え，そ
のモダリティを命題内容に対する話し手の心的態度と聞き手めあ
ての発話態度に分類しているということです。

　仁田（1991）は，モダリティとは，発話時における話し手の主
観的態度が文法形式によって表現されるものであり，文末にあら
われ，命題内容を（統語的にも意味的にも）重層的に包み込むも
のであると捉えています。たとえば「あの本，見つかるかもしれ
ないね」において「かもしれない」が「言表事態めあてのモダリ

ティ」,「ね」が聞き手めあての「発話・伝達のモダリティ」となり, 客観的な命題を主観的な部分が重層的に包むという階層構造が見られるというのです。これは, 国語学の時枝 (1941) の陳述論 (客体的な「詞」を主体の判断である「辞」が包み込むという考え方) の影響下にある「階層的モダリティ論」とも言われるものです。ただし,「ね」のような終助詞はモダリティではなく, 聞き手に同意を求める, すなわち聞き手への働きかけを表すという意味で, 一種の発話行為的なものといえます。

この主観表現論の立場では, 日本語は話者が前景化され, 極めて自己中心的 (ego-centric) なスタンスで描こうとします。この日本語の自己中心性を和らげるために, 終助詞が豊富に存在しているとも考えられます。

また, 認識的モダリティが「話し手の心的態度」を表すという説明は妥当ですが, 英語の束縛的モダリティに対応する日本語の「しなければならない」「してもいい」は話者の評価を表すものであって,「話し手の心的態度」という態度を表しているものではありません。この点については,「しなければならない」「してもいい」がモダリティというよりも命題要素の一部であると第3章第3節で述べたとおりです。

さらに,「話し手の心的態度」というと主観的なもののように思われ,「主観性を表すもの＝モダリティ」と捉えられてきました。しかしながら, Lyons (1977: 797) も "Alfred *may* be unmarried." という例文で, 認識的モダリティには主観的用法と

客観的用法があると述べています。すなわち，90 人中 30 人が Alfred の未婚を知っていた場合，Alfred が未婚である可能性は客観的証拠に基づいて判断できます。そのような証拠に基づいていない場合は話し手がただ主観的に判断するに留まります。したがって，聞き手と共有する根拠・証拠に基づいて判断したら客観的表現となりますが，証拠に基づかず話者のみの判断によると主観的表現になります。要するに，ことばに表される主観に関わる要素は必ずしもモダリティとは限らないということです。

4.2. 認知文法的なモダリティ観—現実と非現実—

前節で紹介した主観／客観に基づくモダリティ論が主観／客観の線引きに曖昧さをもっていたのに対し，これに代わる新しい概念を導入したのが Langacker の認知文法論です。Langacker (1991) の認知文法では，法助動詞を伴った，いわゆるモダリティ文は本動詞の表す事態が非現実性の領域内にあることを示すと説明されています。すなわち，Langacker (1991: 242-246) は「現実性は話者が現在・過去の事実とみなす状況ゆえ話者にとって既知情報であるのに対し，非現実性は現在・過去の事実に反するとみなす状況ゆえ話者にとって未知情報を表す」と説明しています。したがって，モダリティとは非現実または潜在的可能性を標示する機能を担うものであると捉えているのです (Langacker (1987: 870))。たとえば，英語の can の可能性は「やろう

と思えばできる，でもまだやっていない」ことを表し，実際には実現していないという非現実性の標示となります。また，推量のモダリティ「だろう」は非現実性のプロトタイプといえます。これらは，命題を非現実的（non-factual）な事態とし，モダリティを非現実性（irrealis）のカテゴリーに属するものとしています。

　非現実事態とは，事態がまだ起こっていないこと，これから起こること，あるいは実際に起こったが話者が直接体験していないことや全く架空の事態を表します。すなわち，思考の範囲内にあり想像の域を超えていない事態，話者が現実世界で経験的に把握していない事態のことを言います。事態がまだ実現していないので，モダリティ文において，話者は事態を現実のものとして心的領域に取り込もうとする力（force / potency）が働きます。それが法助動詞の働きなのです（Langacker (2013: 15)）。これを「非現実事態陳述のモダリティ論」（Langacker (1991)，尾上 (2001)，野村 (2003)）と言い，二つ目の捉え方になります。すなわち，ある事柄がすでに実現しているものとして提示されているのか，あるいは未実現・未確認のことや推論・仮定したこととして提示されているのかといった現実／非現実（realis / irrealis）の対立で捉えるものです。この捉え方は山田 (1936) が端緒となった国語学で見られますが，国語学は認知言語学の Langacker の立場を踏襲しています。事実，Palmer (2001) もそれ以前の捉え方から一転して，モダリティを現実性／非現実性の対立で捉えています。Palmer (2001) がこの現実性／非現実性の対立を印欧語におけ

第4章 モダリティの二つの捉え方 71

る直説法と接続法の対立に似ていると言っているように，これは
モダリティというよりもムード的な捉え方といえます。

コラム

ムードとモダリティ

　ムード（mood）とモダリティ（modality）の違いを整理して
おきましょう。両者の違いを平明に言えば，ムードとは形式
であり，モダリティは意味であると考えることができます。
ムードは，「法」とも訳出され，事態の描き方や文の述べ方
に対応する形式であり，動詞の活用など文法形態により分類
されます。簡単に言えば，ムードは文法カテゴリーに属し，
主語と述語のさまざまな関係を表す文法的形態であります。
現代英語のムードには直説法（indicative mood），仮定法
（subjunctive mood），命令法（imperative mood）の3種類
があり，動詞はムードに応じた屈折形態をもちます。西欧の
言語の接続法でも見られるように，「現実／非現実」の対立
に関わるものです。概して，西欧語はムードをもちますが，
日本語には命令法や古代語の「む」を除いてムードはないと
言われています。

　モダリティは，「法性」とも訳出され，叙述内容に関する
話し手の心的態度を表す法助動詞などをいい，叙法のもつ意
味内容を表します。一般的には，文の中で客観的な事態を表
す命題部分に対して，話し手の主観的な心的態度を表す部分
をモダリティと呼びます。たとえば，「かもしれない」や「に

違いない」のような蓋然性の度合いを表すモダリティや「らしい」「ようだ」「そうだ」のような判断の根拠のあり方を表すモダリティなどがあります。なお，動詞などの語形変化を「ムード」(mood)，ムードで表しきれない意味を担う法助動詞などの体系を「モダリティ」(modality) とする場合が通常ではありますが，モダリティ表現を表す文法形式を特に「ムード」と呼ぶことがあります。三上 (1959) や寺村 (1984) も命題に対するモダリティを「ムウド」と呼んでいます。

　国語学では，尾上 (2001) が日本語のモダリティにおいて「非現実事態陳述のモダリティ論」を提唱し，「モダリティ文は，過去から現在に至るまでのさまざまな経験や認識の積み重ねに支えられ，その経験に基づいた判断や推量，あるいは根拠のある可能性などを表す点で，主観的というより客観的に捉えられるものなのである」(尾上 (2001: 470)) と述べています。また，尾上 (2001: 442) には，「モダリティ形式とは非現実の領域に位置すると話者が想定する事態を語るときに用いられる述定形式であり，モダリティとは，モダリティ形式を用いて話者の事態に対する捉え方をその事態に塗り込めて語るときにその事態の一角に生ずる意味である」とあります。この説明からも「あの本，売れるだろうね」の「だろう」だけがモダリティということになります。ちなみに，「だろう」は想像の中で推量するので非現実領域にありますが，「かもしれない」や「に違いない」は非現実性を表していません。

第4章　モダリティの二つの捉え方　　73

　「非現実領域とは事実界未実現の領域および観念世界である」
と尾上は説明します。観念世界とは可能性のことです。その非現
実領域において未だ起こっていない，存在していないということ
は，未来のことです。ですから，推量や意志のモダリティで表さ
れる出来事も，未来のおいては存在するのですが，今は現存して
いないことを表しています。非現実領域において未だ存在してい
ないのがモダリティで，一方，現実事態に存在するのをテンス
（時制）と考えます。テンスとは，起こってしまった過去のこと
（既実現）が事実世界に存在していることを表しています。

　したがって，述語の文法的意味は，①現実世界を表すテンスと
②非現実の世界を表すモダリティから成り立っているのです。ま
た，未来は未実現の問題ですので，テンスのカテゴリーには入り
ません。次の図1はモダリティとテンスが深く関わっているこ
とを物語っています。

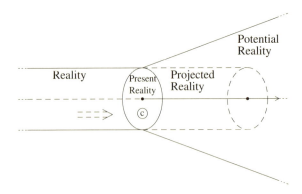

図1　The Dynamic Evolutionary Model（動的進展モデル）
(Langacker (1991: 277))

現実世界の進展を示した図1で，話者は c，すなわち概念化者（概念主体：conceptualizer）です。実在性（reality）は過去に存在していることを表しているので過去時制で，現存する実在性（present reality）は身体で確認できるので現在時制で表現されます。そして，非実在領域が投射された実在性（projected reality）では，概念化者の知識という力によって未来時にそのプロセスが実現されることを確信しています。

たとえば，Bill and Jane *will* get married next week. というと，話者がその実現に向けて，自分の知識からすればそうなるであろうと確信していることを表しています。また，潜在的に可能な実在性（potential reality）は，未来に生じる可能性があり得るものとして捉えています。Bill and Jane *may* be getting married soon. の認識的用法の may は，ただ単に起こり得ることを表し

ているに過ぎません。このように，概念化者である話者の位置は
現在時の現実にあり，時間軸上に投影された時間概念が認識領域
での遠近概念によって捉えられ，認識の遠さ／近さという対立で
表されているのです。具体的に述べると，モダリティは非現実性
の標示で，その有無は非現実／現実の対立に対応します。そし
て，テンスの現在時／過去時は近さ／遠さの対立に対応します。
たとえば，「現在時の推量」は非現実領域における近さ（つまり，
認識上の近さ）を表し，「過去の事態で客観的に認識できる内容」
は現実領域における遠さというように解釈できます。Langacker
の説明は，テンスもモダリティの表現手段となり得ることを示唆
しています。

　それでは，アスペクト（相）はどのカテゴリーに入るのでしょ
うか。実は，日本語の場合，アスペクトとテンスは入り混じって
使われることがあります。たとえば，(1a) や (1b) の気づきの
「た」，(1c) の想起の「た」や (1d) の命令調の「た」などは，過
去の出来事ではなく，現在時に話者に対して認知的な変化が起
こったことを表しています。

　(1) a.　（ホームに立って）あ，電車がき<u>た</u>！

　　　b.　（眼鏡を探していて）あ，あっ<u>た</u>，あっ<u>た</u>！

　　　c.　（やるべきことを思い出して）あ，それをやるん<u>だった</u>。

　　　d.　（店員が客にすすめて）さあ，買っ<u>た</u>，買っ<u>た</u>！

　尾上 (2001) では，「非現実事態を語るもの」という捉え方は

意味内容に関わるのに対し、「話し手の心的態度」を表すとする捉え方は言語活動に関わるものであり、両者は「別個のものである」と主張されています。ただ、「主観表現論」が命題以外をモダリティとする立場であることについては上でも触れましたが、実は「非現実事態陳述のモダリティ論」の Langacker も「主観表現論」と同じ考え方をしていると上原 (2016) は指摘しています。

上原 (2016: 62-63) によると、Langacker (1985) は認識表現 (epistemic predication) である may, should, must に対して、"radical subjectivity" を持つもの、すなわち「主体性が極度に高い」ものと位置づけています。上原 (2016: 62-63) には「概念化の客体にならないというのは、モダリティ表現の場合には言い換えれば「命題内容の中身に入らない」ということである」とあり、「だろう」を例にとり、判断主体も判断行為そのものも命題内容に入らないことを説明しています。

要するに、文法体系的に「現実世界を表すテンス」と「非実現世界を表すモダリティ」から成り立っていると捉える「非現実事態を語るもの」は mood 的で対テンスの問題といえます。一方、述語の文法的意味から捉える「主観表現論」は modality 的で、「発話時という瞬間的現在における話し手の心的態度」という定義からみても、継続相や完了相といった動詞が表す行為の様相を問題とする、対アスペクトの問題と考えられます。

第4章　モダリティの二つの捉え方　77

☞ 伝統的な「主観表現論」の立場ではモダリティを主観的に
　捉えてきましたが，一方，認知文法的観点からみた「非現
　実事態陳述論」ではモダリティは主体性こそ高いものの，
　より客観的に捉えられているといえます。

コラム

can の持つ非現実性と現実性

　認知文法のモダリティ論では，現実／非現実という観点か
ら非現実に関わるものをモダリティと捉えると述べました
が，すべての助動詞が非現実の事態しか表さないかといえ
ば，そうとも言えません。実際，can の可能性の用法には，
「やろうと思ったらできる」あるいは「やればできる」と
いう含意があり「まだやっていない」という非現実性を表
す一方で，「状況が許せば起こり得る」という状況可能を
表すこともあります。第3章第2節でも述べたように，こ
の状況可能は多分に現実的であり，モダリティというより
も命題内の要素です。この点で can は非現実と現実の両義
を兼ね備え，一筋縄ではいかないモダリティといえましょう。

第 5 章

モダリティの成り立ち

この第5章では，モダリティがどのようにして現在の姿になったのかについて見ていきたいと思います。第1節と第2節で英語のモダリティについて歴史的な変遷を見た上で，第3節で英語のモダリティが共時的にどのように意味を拡張させたかを紐解きます。第4節では，日本語に目を向けて，文法化の観点からモダリティを記述します。それによって，英語のモダリティの文法化プロセスと日本語のモダリティの発達プロセスとで異なる点があることが分かるでしょう。モダリティの文法化が人間の認知に関わるとしたら，そこには普遍性もみられるでしょうが，同時に言語による相対性もみられるということになります。

5.1. 英語のモダリティの通時的変化（歴史的変遷）

ここで，英語のモダリティがどのように多義になったのかについて考えていきましょう。

モダリティに多義性が起こる通時的なプロセスは，文法化をみれば分かります (Bybee (1988), Traugott (1988))。「文法化」(grammaticalization) というのは文法や意味の歴史的変化における複雑な現象を包括的に捉えた概念で，およそ内容語 (content word) から機能語 (functional word) に変化する現象を言います。内容語というのは名詞・形容詞・動詞などのように，語彙的意味

を担うものを指し，機能語は接続詞・助動詞・助詞・前置詞・冠詞などのように，文法関係や時間概念といった抽象的な関係を担うものを指します。したがって，品詞ベースで言えば，名詞・形容詞・動詞などから助動詞・助詞などに変化するということであり，文法化の典型例を挙げると，かつて一般動詞だった will から現在の法助動詞 will へ，また一般動詞の concern（関係する）から concerning（〜に関する）という前置詞へと変化しました。日本語では，「見る」という一般動詞から「〜てみる」という補助動詞に，また「かたい」という形容詞から「信じがたい」や「避けがたい」のような補助形容詞と呼ばれる機能語になった例が文法化に該当します。

　このような文法化についてホパー＆トロゴット（Hopper and Traugott（1993: 2, 7））は次のように一般化しています。

The term "grammaticalization" refers to the processes whereby items become more grammatical through time.

content item > grammatical word > clitic > inflectional affix　　　　　　　　　　　　　(Hopper and Traugott (1993: 2, 7))

この記述によると，文法化というのは，語彙項目から，より文法的なものへと変化するプロセスであり，およそ，意味内容をもった語彙項目（内容語）→ 文法的な語（機能語）→ 接語 → 屈折接辞のように，統語的に小さくなる方向に変化する傾向があるといえ

ます。この中で，接語 (clitic) というのは，統語的には独立して
いるものの，音韻的に他の語に依存している形態素を言い，英語
の冠詞 a, an, the や日本語の連体詞「あの」「この」などに該当
します。屈折接辞 (inflectional affix) は，独立語に直接ついて
用いられるもの（統語的な独立性がない）で，品詞を変えるので
はなく，文法的意味を添えるものを言います。英語でいえば，名
詞の複数形語尾・動詞の過去形語尾・過去完了形語尾・形容詞の
比較級語尾・最上級語尾などに該当します。

　文法化における形態的な変化でいえば上述の通りですが，文法
化を機能面から見ると，［命題的な意味］＞［主観的意味］＞［間
主観的（対人的）意味］のような方向性をもっていることも知ら
れています。たとえば，日本語の「しまう」という語は，もとも
と一般動詞で「終わらせる」のような意味であり，この段階では
命題内容に関する客観的な意味を表していましたが，文法化に
よって「負けてしまった」のように補助動詞化すると主観的な残
念な気持ちを担うようになり，さらに文法化が進んで「今日も
勝ってしまいました！」のように「照れ」を表すようになると，
相手に対する配慮を含む間主観的な用法になったということがで
きます。

　一般に，文法化における変化には一定の方向性が認められま
す。統語的には内容語から機能語へ，意味的には具体的なものか
ら抽象的なものへ，あるいは客観的な意味から主観的意味へとい
う一方向的な変化が見られます (Hopper and Traugott (1993))。そ

の文法化が進むプロセスで，統語上の独立や語彙的意味の消失，さらには音声的摩擦などが通常起こります。

　文法化の典型例して，can の本動詞から法助動詞への発達を見てみましょう。can は，元来「〜を知っている」という意味の本動詞 (*cunnan*) から発達しました。「〜を知っている」という知的能力が肉体的能力へと意味拡張し，「〜することができる」とう力動的モダリティへと拡張し，「〜があり得る」という状況可能，さらに「〜してもよい」という束縛的モダリティや「〜するかもしれない」という認識的モダリティへと文法化していきます。したがって，英語のモダリティの文法化プロセスは，本動詞から発達し，力動的モダリティや束縛的モダリティなどの非認識的モダリティをプロトタイプとし，それが認識的モダリティへと意味拡張していったわけです (Traugott (1989))。第 3 章第 1 節で指向性の観点からモダリティを分析しました。それを踏まえると，次のことが言えます。すなわち，本動詞は人間や生物などの〈モノ〉的な項を主語とするもので，また力動的モダリティや束縛的モダリティも主語指向的なものです。一方，認識的モダリティは話し手指向のものですので，モダリティの文法化は主語指向的ものから話し手指向へと一方向的に変化していく。これをバイビー (Bybee (1985: 166)) は「一方向性仮説 (unidirectionality hypothesis)」と呼んでいます。

5.2. モダリティの文法化にみられる四つの原理

　文法化の過程には四つの一般的な原理が見られます。この点について，順に説明していきたいと思います。

　第1は意味の希薄化です。日本語の複合文末形式のテ形式（「V もいい」，「V テはいけない」や発話行為的に依頼を表す「V てください」など）は，英語では束縛的モダリティのカテゴリーに入りますが，日本語の場合，複合動詞 ＞ 補助動詞 ＞ 助動詞へというように文法化の途上にあります。これらは，本来備わっていた具体的意味が希薄になり，かつ抽象的になるにつれ，新たな文法機能を生じる例です。これを「意味の希薄化」（semantic bleaching）と呼び，文法化の過程ではよく見られます。

　第2は多層化です。未来を表す用法には will, be going to, be -ing, be to など複数共存します。これは「多層化」（layering）と呼ばれるもので，ある機能を表す領域で，新しい層（layer）である新たな要素が既存の要素（古い層）に付け加わっても，既存の要素は消滅せず，新しい要素と共存しあって残存するものです（Hopper and Traugott (1993: 125)）。これがモダリティの多義性をもたらしているのです。

　第3は脱カテゴリー化です。メタファーの所でも触れますが，be going to は空間移動を表す go の進行形に目的を表す to 不定詞が付加されたものです。動詞 go の移動という語彙的意味から未来を表す文法的意味へと変化しているので「脱カテゴリー化」

(decategorization）と言います。脱カテゴリー化とは，本来備わっていた文法的な標識（活用などの形態的特徴や統語的制約）が失われ，統語的な振る舞いが不規則になることにより，名詞や動詞などのカテゴリーから逸脱し，文法的なカテゴリーへと変化することをいいます。それと共に，be going to ＞ be gonna ＞ gonna のように，各語の独立性が失われ，語形が短縮されたあげくに，前後の語と融合する「音韻的縮約」が起こります。

　第4は保持化です。未来用法の will と be going to の意味的相違は，will と be going to の本来の語彙的意味の相違から起こります。本体，will は「希望」や「意志」を表し，be going to は「予測」を表し，この差異が未来の用法に保持されると考えることができます。これを Bybee and Pagliuca (1985: 74-75) は「保持化」(persistence)，Hopper (1991) は「維持性」と呼んでいます。すなわち，語彙的意味から文法的意味へと変化する過程で，本来の語彙的意味の痕跡が残存するのです。

　では，上に挙げた四つの原理を踏まえて，英語における具体的な事例を四つ示したいと思います。

　第1に，第5章第1節でも触れましたが，can の通時的発達プロセスをより詳細に辿りますと，古英語の cunnan (＝know how to) という本動詞（「〜を知っている」という知的能力の意味）が，古英語後期になり，行為の実行に知的能力のみならず肉体的能力も関わり，動作主の肉体的能力も含めた "be able to, have power" の意味へと拡張します。この［能力］一般を表す力

動的モダリティ（「～することができる」）から状況可能（「～があり得る」）に，さらに中英語期になって［可能性］を表す認識的モダリティ（「かもしれない」）へと文法化していきました。状況可能（root possibility）を経過しますから，行為の実行を可能にするものは，動作主に内在する能力だけではなく，動作主の外的条件（事情）によることもあるということになります。近代英語期には「～してもよい」という許可，依頼や命令のモダリティへと語用論的推論を経て文法化していきます。語用論的に推論を慣習化していくことを「語用論的強化」というのですが，can もこの語用論的強化を経て，状況可能から許可（permission）へと意味拡張しました。そのため，「あり得る」という意味の状況可能と「してもよい」という許可とは区別し難く，解釈が曖昧（fuzzy）になる場合があります。本動詞や力動的モダリティの主語指向から，認識的モダリティの話し手指向へ，さらには対人関係を意識する許可という聞き手指向へと変化していくプロセスがみてとれます。このような can の文法化プロセスを分かりやすく図式化すると図2のようになります。

図2　can の文法化経路

この図2は，can が本動詞を起源とし，そして能力を表す力動的

第5章 モダリティの成り立ち　87

モダリティをプロトタイプとし，そこから状況可能，可能性を表す認識的モダリティと許可を表す束縛的モダリティへと文法化していったことを示しています。

コラム

語用論的推論

　話者はある表現を解釈する際，しばしば語用論レベルで推論を行います。それが繰り返され，慣習化され語義レベルの意味として定着化していくことがあります。語用論レベルでの推論を「語用論的推論」と言います。これは「文法化」への動機づけであって，メタファーやメトニミーとは異なります。慣習化によって定着していくと，意味が最終的には文法機能を担うことがあります。このような過程を「語用論的強化」（pragmatic strengthening）と言います。

　第2に，may を見てみましょう。may は古英語の *magan*（= be strong）という本動詞（「～する力や身体的能力がある」という意味）に由来し，中英語初期にはその意味が一般化し「能力がある」となりました。やがて，「実行の可能性がある」，次に「実現の可能性を認める」，さらに「許可する］へと意味拡張していったのです。［能力］の may は変化の過程で，［能力］の can と競合し譲ったことにより，［能力］の意味が消失していきました。そ

れゆえ，may には主語指向の能力が現存しません。また，may の[許可]は話者によるものですので横柄な印象を与えますが，can の[許可]は規則など外的な条件によるものであるというように，同じ[許可]でも，その出処が異なります。can, may, must のうち認識的用法が最も早く発達したのは may です。その認識的用法の萌芽はすでに古英語期に存在していたようで，中英語期にはその用法の発達が本格化したとされています（Visser (1963-73: §1654)）。Coates (1983) は「状況可能」の意味が may にもあることを認めています。歴史的変化の観点から見ても，may は physical ability（知的能力と対比する肉体的能力）を起源として許可まで文法化するわけですが，その過程において，外的状況・社会的状況からの可能性，すなわち状況可能が許可の文法化を促進させています。したがって，状況可能と許可が曖昧（fuzzy）であるという理屈も自ずと理解できましょう。

　第 3 に，will は古英語期には「欲求・願望する」(desire) や「意図する」(intend) を表していた本動詞 willan から，意志 (willingness, intention) を表す法助動詞へと文法化していきました。意志を表す場合は動作主が人間に限られていましたが，人間以外のものも主語に置けるようになり，予測（prediction）や推量を表す認識的用法へと変化していきました。それと並行して，依頼・命令といった聞き手指向の対人的用法（間主観性）のモダリティへと，文脈を通して（すなわち，語用論的推論を経て）意味拡張していったのです（Bybee et al. (1994: 256)）。

第5章　モダリティの成り立ち　89

　第4に，have to は，'have a letter to write' において，a letter が非指示的であるため have の所有の意味が「漂白化」し，義務の意味が生じました。やがて「語用論的推論」が強まり，a letter という目的語を置く必要性がなくなっていったのです。

　総じて，英語のモダリティは，束縛的モダリティや力動的モダリティの主語指向的なものから，認識的モダリティの話し手指向的なものへという一方向的な流れで文法化していったことが分かりました。

コラム

間主観性

　「間主観性（shared mind）」とは，話者と聞き手が共に同じものに注意を向けることで，Langacker（2009: 169-170）の用語法で言えば「共同注意（joint attention）」とも呼ばれます。これは認知心理学の概念で，他者が注意を向けている対象に自身も注意を向けることや，自身が注意を向けている対象に他者の注意を向けさせることを言います。これは幼児の指さし行為の発達に代表されるものです。共同注意は，幼児の認知発達や言語発達（Tomasello（1999））に貢献してきましたが，大人の言語現象もこの視点から考察されます。

　間主観性は，他者と心の中で同じことを思っているという意味で，「相互主観性（intersubjectivity）」とも言われます。つまり，話し手と聞き手が〈見え〉を共有し，同じ対象に同

じ視座に立って目を向けることです。これは，人間が個々に環境世界を解釈するのではなく，常に他者を意識し，他者を巻き込んで共通に解釈するという基本概念によるものです。文法マーカーとしては，英語の付加疑問文や日本語の終助詞の「よ，ね」などが挙げられます。

　モダリティの例を挙げると，たとえば「このあたりが幕引きでしょう」というときの「でしょう」は話し手の推量を表しています。ただ，結論を導くにあたって聞き手にも納得してもらいたいという気持ちの表れにもなっています。すなわち，聞き手との合意を想定し，判断を聞き手に委ね，共通解釈を求めています。また，「ここで終わりにしよう」の「しよう」は話し手の意志を表しますが，聞き手にもその意向を委ねています。日本語にも英語同様，話し手と聞き手が対等の関係を築こうとする相互主観性があるということです。

5.3. 英語のモダリティの共時的意味拡張

　モダリティの通時的変化の過程を辿っていくと，主語指向の束縛的モダリティから話し手指向の認識的モダリティへという文法化の経路が見られました。この文法化は通言語的にいわれる通時的意味変化ですが，モダリティにはメタファーによる共時的意味拡張も見られます。

　メタファーによる意味拡張とはどのようなものなのか，未来の表し方で見てみましょう。たとえば，未来を表す用法は，will,

be going to, be -ing, be to など有限個存在します。意志を表していた will に意志の意味が消失して，未来を表すようになります。この will が「だろう」という推定を含意する際，それは非現実性を表します。be going to は元来「何かをするために将来の所に話者が向かっていく」を表す動詞 go の進行形です。次の(1) を見てください。

(1) He *is going to* have lunch.

この例において，元来空間移動を表す go の進行形に目的を表す to 不定詞が付加され「彼は昼食をとるために移動しつつある」というように，主語が物理的に空間移動中であることを表していました。やがて空間移動の意味が失われ，「語用論的推論」を経て，物理的な空間移動を表現した話者の視線の移動をはじめとする話者の捉え方が具現化され，「彼は昼食をとろうとしている」というように未来に目的が実現されるであろうことを表すものとして解釈されるようになります。この場合の go は時間軸上の移動を表していると考えられます。be going to には空間移動を表す空間領域から未来を表す時間領域へという〈時空間のメタファー〉が働いているというわけです。同時に，主語の物理的移動の側面は消失し，認知主体が時間軸を心的走査 (mental scanning)[1] して

───────────

[1] 心的走査というのは Langacker (1987) の用語で，事態を時間的に把握するときの様式の一つです。物体の形状や位置を特定する際，認知主体が心的に（主体的に）辿る作用が働きます。この心の視線の移動イメージのことを言

92

いますので，後述する「主体化」とも関連しています。

　未来を表すモダリティとしては，be going to のほかに，be -ing と be to があります。be -ing は現時点で準備・約束・手配などが進行している未来のことを表します。be to は予定・運命・可能・意図や義務と多義ですが，その「義務を負っている」ということは「将来なされること」すなわち未来のことに言及しているのです。

　Sweetser (1990: 49-52) は，モダリティの多義性を説明する上で，モダリティを「内容領域 (content domain)」（＝現実世界の外的・社会的・物理的事象描写のレベル），「認識領域 (epistemic domain)」（＝話者の認識世界描写のレベル）と「言語行為領域 (speech act domain)」（＝発話行為のレベル）という三つに分類し，その上で，「内容領域のうちの社会・物理的領域」から「認識領域」へという「メタファー的写像 (metaphoric mapping)」を通して共時的に意味拡張されるという考え方を提唱しました。たとえば，束縛的モダリティとしての「許可」の may は，「社会・物理的領域」に属し，社会・物理的な世界での障壁が存在しないことを表しますが，それが認識的領域に写像 (mapping) されると，話し手の内的な推論世界における「可能性」という認識的モダリティの意味になるというのです。この「可能性」

───────────────

います。認知主体が自分の経験をどのように捉えるかという捉え方の問題ですので，第6章で述べる「事態把握」とも通ずるものがあります。

は，前提から結論を導く推論プロセスに障壁が存在しないことを表しており，推論への意味拡張において「障壁が存在しない」という「イメージ・スキーマ（image schema）」が保存されたままになっています。

このように，共時的意味拡張においては，比喩的拡張に動機づけられた「イメージ・スキーマ」と「メタファー的写像」の概念を用いてモダリティの多義性を説明することが可能です。共時的にみても，英語のモダリティは束縛的モダリティをプロトタイプとし，そこから認識的モダリティへと意味拡張していることが分かるでしょう。言い換えれば，英語のモダリティには，通時的にも共時的にも［主語指向の束縛的モダリティから話し手指向の認識的モダリティへ］といった一方向的な意味変化が見られるということになります。

5.4. 日本語のモダリティの文法化

ここで日本語におけるモダリティの文法化に目を向けましょう。中古語においては認識的モダリティが豊富にありました。認識的モダリティのうち，認識的判断を表し証拠性をもつのは「めり」「らし」など，認識的判断を表すものの証拠性をもたないものは「らむ」「じ」「べし」「まじ」など，証拠性判断のみを表すものに「なり」「てふ」があります。中世になると，この体系が崩壊し，「う」と「よう」がさまざまなモダリティの意味機能を一

手に引き受けるようになります。その他には「ろう」「まじ」「まい」「そう」「げ」があります。これらが近世になって専門的に発達していき，現代語では「だろう」「はず」「に違いない」「かもしれない」「らしい」「ようだ」「そうだ」があらわれます。

青木（2011: 120-122）によると，古語にも推量から伝聞へという意味変化が観察されたということです。たとえば，「ゲナ」は中世室町期頃に推量の助動詞として成立しましたが，近世前期頃から次第に伝聞の意味で用いられるようになりました。「メリ」も話者の判断を表していましたが，視覚によってその情報を入手したことが示され，証拠的な性格を有しています。これは，何らかの証拠に基づいて当該事態を推量していたものが，次第に情報を伝える伝聞の要素を強くしていったことによる拡張であろうと考えられます。モノローグ（独り言）中心の中古語までは，話者が独話する上で推量するような認識的モダリティが主流であったことも合点がいきます。やがて現代になり，ダイアローグ（対話）によるコミュニケーションが発達し，モダリティもコミュニケーション言語として進化していく過程で，意志から拡張した勧誘や伝聞のような証拠的モダリティが発達していったことも理解できましょう。それと共に，終助詞が多用されるようになりました。ただし，前述したように，終助詞はモダリティのカテゴリーには入りません。

日本語のモダリティの文法化といっても，日本語は束縛的用法と認識的用法が分化していますので，二つの用法の起源は別であ

り，日本語におけるモダリティの成立は文法化と違うタイプのものです。日本語のモダリティの多くは単義的ですので，文法化現象を語るには至りません。ただし，「う」「よう」「だろう」においては文法化現象が見られます。

　ここで，可能表現の発達を見てみましょう。渋谷（2005: 43-44）は「日本語の可能表現の内部では，状況可能 > 能力可能 > 心情可能といった変化の方向が観察される。このことは，日本語の可能形式が動作主体の外部に行為実現の条件を認める自発形式を起源とすることと関連するかもしれない」と述べています。また，黒滝（2005）は，日本語の可能表現に関して，「出来（しゅったい）」を起源とし「状況可能」をプロトタイプとすると論じています。「自発」や「出来」は「あるものが自然に出現するから可能である」ということで，これは後述する池上（1981）のナル的言語の概念と相通ずるものがあります。ただし，もともとは「できない」という否定形から派生しました。自発や出来を起源とし文法化していく日本語の可能表現は，「～を知っている」を表す本動詞から発達した英語の can とは部分的ではありますが，対照的な発達プロセスを辿っているといえます。日本語の可能表現の発達プロセスを図式化すると図 3 のようになります。

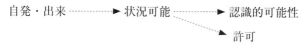

図 3　日本語の可能表現の発達プロセス

さらに，状況可能と能力可能両者とも，潜在的に起こり得る「潜在的可能性（potentiality）」を表しています。よって，この潜在的可能性と意志性（volition）が日本語のモダリティの基本概念なのです。基本概念とは，そのカテゴリーを代表する典型的なメンバーであるプロトタイプとは異なり，モダリティを捉える思考作用によって意味づけられる，いわば思考の基礎となるものです。その基本概念のひとつである潜在的可能性について述べると，潜在的に起こる可能性（potentiality）が高いということは，未だ実現していない，すなわち未実現を表しています。動作主の意図性が及ばないという点で，潜在的可能性は自発とも近い概念をもっています。日本人の根本的な認知が自発形式を誘発すると考えられますので，この自発は動作主体の意図的・人為的な働きかけもなく，自然の力などの外的状況によって，動作が自然に実現してしまうことを表しています（黒滝（2008））。また，証拠的モダリティも意図性・意志性がないという点から自発に近い意味を担っています。自発以外の力動的モダリティは意志性を表します。よって，日本語のモダリティの基本概念は潜在的可能性と意志性であり，潜在的可能性は認識的モダリティ，意志性は力動的モダリティということになります（黒滝（2013: 327））。

第3章第3節でも述べたように，日本語のモダリティの中でも多義である「う」「よう」や「だろう」は，プロトタイプが認識的モダリティで，非プロトタイプは束縛的モダリティではなく力動的モダリティなのです。一方，英語は束縛的モダリティがプロ

トタイプで，認識的モダリティが非プロトタイプとなります。このように，異なる起源から正反対の意味変化のプロセスを経て拡張してきた日英語のモダリティを同じ定義・分類方法で体系的に整理することは不可能でしょうし，「認識的モダリティ」という同一の用語で記述されますが，日英語の認識的モダリティが同じ概念を表しているとは言い難いように思われます。

☞ 英語のモダリティは通時的にも共時的にも認識的モダリティが非プロトタイプなのですが，日本語のモダリティは認識的モダリティをプロトタイプとします。

本書では，日英語の認識的モダリティの質的相違を動機づけている要因が，これから論じる〈事態把握（construal）〉という認知的な営みの異同にあると考えます。第6章では，事態把握とモダリティの関係を見てみましょう。

第 6 章

二つの事態の捉え方

話者は，〈認知の主体〉(cognizing subject) として〈事態把握〉(construal) を行います。認知言語学で〈事態把握〉とは，事態に対して，認知の主体である話者がとるスタンスのことを言います。伝統文法でいう "attitude（振る舞い）" と近似したものですが，〈事態把握〉の場合は，話者にとって，どういう意味を持っているか，どのように関わっているかが問題視されるのです。どの言語話者であっても，場面に応じて，主観的把握と客観的把握のいずれかのスタンスを採る能力を有しています。分かりやすくいうと，〈主観的把握〉(subjective construal) とは「話者が述べようとする事態の中に身を置いてそこから事態を捉えるため，話者の〈見え〉の中に話者自身は存在しない」というもので，一方，〈客観的把握〉(objective construal) とは「話者は事態の中に自身の分身を置き，事態の外から話者自身を含む事態を客観的に観察する」というものを言います。ただし，この具体的な場面において，話者が主観的把握と客観的把握のいずれのスタンスに傾くかは，言語によって異なります。この相対的な考え方は，Whorf (1956) が言語相対論の議論で "fashions of speaking（好まれる言い回し）" と呼んでいたものと相通ずるものがあります。このように，認知主体としての話者が認知の対象となる事態を捉える認知的な営みである〈事態把握〉には，主観的把握と客観的把握という対立 (Langacker (1985, 1990, 1991)) があるというわけです。

第6章　二つの事態の捉え方　101

> **コラム**
>
> ### 〈見え〉
>
> 〈見え〉とは，知覚者にとって状況がどのように立ち現れ
> るか，ないしは状況がどのように経験されるかを捉えた述語
> （本多（2005: 32））のことです。すなわち，観察者としての話
> 者に事態がどのように知覚されるかが，話者にとっての〈見
> え〉であり，それは視角などの五感で捉えられるものだけで
> なく，話者の脳裏でどのように認知されるかも含まれます。

6.1.　Langacker (1990) の「主体化」

ここでは，ラネカーのいう「主体化」を取り上げます。Lan-
gacker（1990）自身は，(1) の例文に対して下記のように説明して
います。

(1) a.　Vanessa is sitting across the table from Veronica.

　　b.　Vanessa is sitting across the table from me.

　　c.　Vanessa is sitting across the table.

(Langacker (1990: 17, 20))

(1) は，いずれもテーブルの反対側に Vanessa が座っている状況
を表現したものです。(1a) において，Vanessa の手前には Veron-
ica が座っており，2 人の関係が客観的（第三者的）な視点から

描かれています。認知文法の用語で言えば，Veronica を観察の原点（＝参照点：vantage point）にとっているということになります。(1b) で Vanessa の手前に座っているのは自分 (me) ですので，話者＝自分 (me) の視点から表現されていることになるのですが，その自分 (me) さえも状況の中の一人として客観的に捉えており，自分 (me) が〈参照点〉になっています。これらの (1a) と (1b) では，Vanessa の向かいに座っている人間を客観的に登場させているという点で共通しており，全体を客観的な視点で描いているので〈客観的把握〉と言います。これに対し，(1c) が特徴的なのは，Vanessa の向かい側に座っている人間が全く描かれていないことです。ですが，そこに座って見ている人物は，話者以外にありえません。話者自身の視点から見ているからこそ自分 (me) が言語化されることなく，暗黙の前提のように視点が決まるからです。話者は観察の原点にありますが，観察の原点は事態内に現れず，話者は見る対象になりません。(1c) のように，話者が言語化されないことを「自己のゼロ化」といい，この状態を「主体の没入」と言います。このような描き方を〈主観的把握〉と言います。

コラム

二つの subjectification

"subjectification" というと，Traugott も同じ用語を使って

いるため Langacker のそれと混同されることが多いようです。

　まず，Traugott の subjectification（主観化）とは，文法化のところで触れたように，通時的意味変化の過程で主観的になっていくこと，すなわち「脱客体化」を表しています。そこには，話者の推論や心的態度が表現の意味の中に徐々に組み込まれていく背景があります。文法化の進展に伴い，その意味変化を動詞づける話者の推論に焦点を置いています。また，話者だけでなく，聞き手の役割も重視したため，意味変化が「間主観化」まで辿り着いていることも特徴的です。つまり，Traugott の subjectification は概念内容に関わるものなのです。

　一方，Langacker の subjectification（主体化）は事態把握の観点からみたもので，「主体の没入」のことを言います。客体的な意味が徐々に失われ，もともと内在していた主体的意味（主体的把握）が顕在化され，際立っていく現象を「主体化」と呼んでいます。Langacker は言語表現の意味内容そのものではなく，話者がどのように把握されるかに焦点を置いています。

Traugott と Langacker の subjectification に関して分かりやすく整理された論考に本多（2016）があります。なお，モダリティ論でいう「主観」とも異質なものであることを補足しておきます。

6.2. 池上 (2003, 2011) の「事態把握」

Langacker (1985) は話者が言語化しようとする事態をどの程度〈自己中心的〉(ego-centric) なやり方で行うかを論じていますが，池上がそれを捉え直し，「発話の主体が発話の対象となる事態の中に身を置く，つまり〈主客合一〉的なスタンスで体験として把握する営み」を「主観的な事態把握」と呼びました（池上 (2003: 26)）。ただ，ここで注意しておくべきことは，いずれの場合も一般性のある説明が意図されている一方で，両者共にもっぱら念頭に置いているのが英語であるか，日本語であるかという違いから，〈主観的把握〉に伴う〈自己のゼロ化〉というものが，一方では〈1人称主語の省略〉という文法的な操作として，他方では〈話者自身は自らの〈見え〉に入らない存在〉という〈事態把握〉の〈主体〉における〈話者〉にとっての知覚的な条件づけとして受けとめようとしていることです。

それでは，池上の事態把握論を掘り下げて見てみましょう。一般に「主観的」と言うと「勝手気ままな」「自己中心的」という自由な世界を描くでしょう。実は，認知言語学での「主観的」とはそのような感情的なものではなく，まさに客観の反映にあります。要するに，池上の唱える主観的把握／客観的把握は〈主客合一／主客対立〉という対立のことなのです。

池上 (2011: 52) は主観的把握／客観的把握という類型を次のように説明しています。

第6章　二つの事態の捉え方　　105

　　主観的把握：話者は問題の事態の中に自らの身を置き，そ
　　　　の事態の当事者として体験的に事態把握をする――実際に
　　　　は問題の事態の中に身を置いていない場合であっても，話
　　　　者は自らがその事態に臨場する当事者であるかのように体
　　　　験的に事態把握をする。
　　客観的把握：話者は問題の事態の外にあって，傍観者ない
　　　　し観察者として客観的に事態把握をする――実際には問題
　　　　の事態の中に身を置いている場合であっても，話者は（自
　　　　分の分身をその事態の中に残したまま）自らはその事態か
　　　　ら抜け出し，事態の外から，傍観者ないし観察者として客
　　　　観的に（自己の分身を含む）事態を把握する。

　　　　　　　　　　　　　　　　　　　　　　（池上（2011: 52））

つまり，主観的把握において，話者は発話の場の中に身を置き，
問題の〈事態〉の中に自らが臨場し，（直接体験しているかのよ
うに），「いま・ここ」にかかわるスタンスで振る舞うということ
です。たとえば，終電を逃してしまった場合，ホームで「ああ，
誰もいないわ」とつぶやくことがあるでしょう。その際何か特別
な事情がない限り，「ああ，私以外に誰もいない」というような
つぶやき方はしません。しかし，もしつい先ほど何らかの事件が
あった現場に駆けつけた警官であったなら，本部からの問い合わ
せに答えて「私以外に誰もいません」と言うかもしれません。観
察者としての自分の身は事態の外に出して，問い合わせてきた人

物と同じ外の観点に立って，客観的に答えるのが妥当と思うから
でしょう。（自然科学の研究で想定されているのは，このような
姿勢なのでしょう。）

☞ 同じ事態であっても，異なる認知的処理が施されるため事態
把握も異なり，違った表現で言語化される場合があります。

池上（2000）は，主観的把握を「ある状況を言語化する際に，
話者が言語化の対象とする状況の中に身を置くという形で視点を
設定し，自らを認識の原点として言語化のための状況把握を行う
こと」（池上（2000: 285））と説明し，日本語は英語に比べ，この
主観的把握が相対的に広範囲で許容される言語であることを述べ
ています。すなわち，日本語話者は「話者の見え」として外界の
事態を体験的に捉え，事態に臨場する話者は自らが知覚の認識の
原点に身を置いているため，自ら自身は自らの〈見え〉に含まれ
ず，したがって言語化の対象とならないということです。まる
で，自分が自分にとって見えない存在である「透明人間」の状態
にあるといえましょう。

一方，英語話者の場合，話者は言語化の対象とする事態の外に
身を置き，事態とは間をとって客観的に把握しようとします。客
観的把握において，事態の外に身を置く話者にとって，事態の中
に残された自らの分身は自らの見えに入るのです。したがって，
この場合は自ら自身も言語化されることになります。話者は認知
主体である自己をも客体化し，もともと他者である2人称および

3人称と同列に捉えます。そうすることで，話者と聞き手の共通の話題となり，対話の図式が出来上がるのです。ここに，聞き手を考慮した上での思考内容伝達のための構図が成立するのです。

自分自身（1人称）までも他者のように扱う事例として，You *must* be joking. があります。これは話者の推量を表しているにもかかわらず，話者が言語化されていません。また，認識的モダリティの must は，1人称の"I"を主語にすることが基本的にはないのですが，「気が狂ったのではないか」という独り言を I *must* be crazy. のように表現して，自らを他者化する場合があります。このように，英語においては，自己の他者化が自然に起こっています。

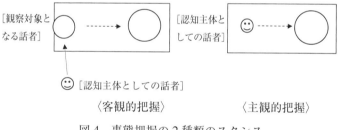

図4 事態把握の2種類のスタンス

図4の客観的把握は，認知主体である話者が自己分裂し，他者としての自己を見るような構図となり，自己を他者化し〈主客対立〉になっていることが描かれています。一方，主観的把握では，認知主体の話者自身が観察の原点に位置しています。

108

　自己を他者化する客観的把握は，英語話者が好む傾向にある事態把握の仕方であると一般に言われています。池上（2003: 28-30）は Lyons（1982: 107-108）の例文をもとに証拠性の観点から次のように説明しています。(2b) の再帰代名詞が，自分を他者化，客体化していることを表しています。

(2) a. I remember switching off the light.

　　b. I remember myself switching off the light.

　　c. I remember that I switched off the light.

(2a) は話者本人が実際に直接体験して覚えているということを表しています。(2b) の場合，再帰代名詞の myself を使うことで自分自身が他者化されることを表しています。たとえば，過去の写真やビデオなどの証拠から推論しているので，自分では覚えていませんが，観察の対象に自分自身がなっていることを示しています。実際の体験ではなく，「証拠に基づく推論による体験」と言えます。(2c) は that 節を使うことによって，他人が言ったことに対して納得し推論していることを暗示しています。「伝聞による体験」を表しています。これら三つの中で証拠性の度合いは (2a) が最も高いということになります。

　一方，主観的把握とは，「〈認知の主体〉としての話者が言語化の対象となる事態の内に自らの身を置くというスタンス」（池上 (2006b: 22)）で事態把握をすることを言います。すなわち，認知主体である話者が言語化の対象となる事態の中に身を置き，自ら

の身体で臨場的，体験的に捉えるのです（池上（2012））。まさに，話者自身の「いま・ここ」にいるという体験です。認知主体の話者自身は「ゼロ化」していて，観察の原点に位置します。話者自身が観察の原点に位置することにより，見る対象にはなりません。話者自身は自分から見えない存在（invisible presence of the unseen speaker）となり，言語化されないというわけです。これを〈自己のゼロ化〉と呼び，主観的把握の傾向の強い日本語では，この〈自己のゼロ化〉が起こりやすくなります（池上（2006b））。そして，〈自己のゼロ化〉において，省略される話者，すなわち体験者自身は明示的に表現されないということになります。感覚・知覚だけが存在し，〈見え〉のままに言語化するのです。したがって，話者の身体性と密接に関わっているといえましょう。これは，客体の中に主体が入り込む「主客合一」の立場です。

　たとえば，道に迷って尋ねる状況で日本語では「ここはどこですか」と言いますが，このままを英語にして Where is here? と直訳しても不自然で，英語らしい表現は Where am I? のようになります。日本語の「ここはどこですか」に〈自己のゼロ化〉が起こっているのに対し，英語の Where am I? には自己が明示的に表現されていることが分かるでしょう。また，I *can* see how Japanese students live. という英語は「日本の学生の生活が分かります」という意味ですが，日本語解釈の中に主語の I に相当する指示語は出てきません。もう一つ，電話で自分しかいないことを伝えるのに「誰もいません」と言いますが，少なくとも話者自

身はそこにいるにもかかわらず「誰もいません」という表現が成り立つことから，話者自身を視界から外していることが分かります。いずれも，日本語に〈自己のゼロ化〉が起こっていることはお分かりいただけたでしょう。このような場合，日本語話者は事態の中に身を置き，「いま・ここ」に密着して主客合一的なスタンスで事態を把握します。そのため，話者は認識の対象にならず，言語化されません。まさに「原点としての私」とでもいえましょう。また，「悲しい！」「寒い！」のようにゼロ化された認知主体を「体験者としての私」と言います。なぜなら，体験は認識の原点に立って行うものだからです。

「体験者としての私」の言語化に関して，池上（2006b）に次のような説明があります。

> 人間の直接体験は体内的なこと（ワァ，嬉シイ）」でも体外的なこと（「アッ，星が見エル」）でも自らを基点とし，自らにおいて起こる〈私的〉（private）な性格のものであり，（したがって，自己について語られている場合に限り自然な言語化と感じられることになるばかりでなく）自己自身は言語化されるに及ばない。　　（池上（2006b: 23-24））

ただし，他者との比較を全面的に押し出したいような時には，日本語でも話者を言語化し「私は嬉しい」と言うことがあるかもしれませんが，これは有標な（marked）な場合に限ります。

さらに，主観的把握の解釈における「事態内に身を置く」とは，

自らの身体で体験的に捉えることをいいます。話者自身は参与者あるいは体験者として，当事者的に観察します。これは文化人類学のアプローチと同じです。話者自身の内部に入って自分が体験しながら，自分との関わりを観察するのです。直接的経験，感覚や感情も話者が事態に臨場し，自己の内部で体験するものと考えられます。時空を超えてその場に臨場することで，自己投入（self-projection）も起こります。英語の自己分裂（self-split）とは正反対の概念です。英語には再帰代名詞があり，非常に発達していますが，日本語は自分自身が見えないので再帰代名詞は存在しません。また，「嬉しい！」「暑い！」などの感覚・感情形容詞を述語とする文や「虹が見える」「音楽が聞こえる」など自発の動詞を伴う文においても，「体験者としての私」としての自己が見えに入っています。

☞ 日本語の認知主体は体験者，英語の認知主体は傍観者ということになります。

コラム

言語以外の主観的把握

　日本語話者の〈主観的把握〉へのこだわりは言語だけの問題に限りません。古くは合戦や都市を描いた屏風図（たとえば，洛中洛外図屏風など）や絵巻物は，視点が固定されている遠近法では描かれていません。すなわち，近くのものも遠

くのものも同じ大きさで描くことで，臨場感をかもしだそう
としています。これは，描く対象の傍に身を置き，その視座
が固定されていないということです。また，西欧とは対照的
な一例が，日本の回遊式の庭園です。庭園の中で丘を越え，
池を巡り，歩んでゆくにつれ刻々と景色が変化するのを体験
していきます。一方，西欧の庭園は固定された視点から全貌
を楽しめる造りになっています。このように，〈主観的把握〉
への傾向は，日本語という言語にとどまらず，日本語と密接
なつながりのある日本文化にも及んでいるのです。

第 7 章

事態把握とモダリティ

主観的把握の傾向の強い日本語では自然に起こる現象において，自らのことは語らず，環境のみを語る傾向があります。言い換えれば，環境の中に自己を参加させ，自己が環境の中の一部に溶け込んだ状態で環境を捉える見方であり，環境の中の一部になった自己のことを「環境論的自己」(ecological self) と言います。いわば，環境を描くことによって自己を描写するのです。環境が取り巻く周囲の状況がどうなっているかによって自分が分かるのです。その際，見えているのは環境のみで，自己は見えません。ゼロ化された自己，すなわち言語化されない認知主体は多様なモダリティを駆使することで，豊かに暗示されます。この第7章では，事態把握の傾向差がもたらす日英語の類型論的特徴とモダリティの関連性を述べていきます。

コラム

環境論的自己

　生態心理学者ナイサー (Neisser (1988)) の用語を借りて言語学に応用した本多 (2013: 201) は，「環境論的自己」を「環境に埋め込まれ，環境についての自らの知覚から自らを認識する自己」と説明しています。これは，環境の変化の知覚を通して自己の変化をも認識する自己のことで，環境の変

化を通して自分がどう変化しているのか，周囲の状況がどう
なっているのかによって自分が分かるというものです。まさ
に，話者自身の「いま・ここ」の体験であり，身体性と密接
に関わっているのです。本多（2005: 154-155）には「英語
は視座を移動して話者自身の姿が見える位置から状況を捉え
る傾向が比較的強いのに対して，日本語は話者自身を視座の
移動のないエコロジカル・セルフのレベルで捉える傾向が比
較的強い。英語は状況を外部から見て表現する傾向が比較的
強いのに対して，日本語は状況の中にいて，その現場から見
えたままを表現する傾向が強い」といった説明があります。
「環境論的自己」は「生態論的自己」あるいは「エコロジカ
ル・セルフ（ecological-self）」とも呼ばれます。ちなみに，
「エコロジカル・セルフ」に関して，本多は「環境の知覚と
自己の知覚は相補的であり，世界を知覚することは，同時に
自己を知覚すること（本多（2005: 13))」と説明しています。
たとえば，空間移動すると，その移動に応じて外界の見え方
が変化します。その際，環境を知覚すると同時に自分の位置
も知覚しています。すなわち，「世界を知覚することによっ
て知覚される自己」というわけで，これを「エコロジカル・
セルフ」と言います。また，われわれは，同じコーヒーなの
に違う味がしたり，同じ空が違って見えるといった体験を知
覚を通して行います。それと同時に，話者自身の位置を知覚
しているのです。まさに「共知覚」とでも言えましょう。

　その認知主体の〈見え〉が言語化されると，話者は "zero-
form" つまり明示されないというわけです。〈見え〉から自

分がどうなっているかを知るという認知の仕方である「エコロジカル・セルフ」という概念は，主観的把握と客観的把握を捉える際の重要な鍵を握っています。

7.1. 「モノ的言語／コト的言語」と事態把握とモダリティ

14 ページの［コラム］で触れたモノ的／コト的対立とモダリティの関連性をみるために，まず池上（1982）のモノ志向的な言語／コト志向的な言語という類型論的な対立を提示しましょう。

> （英語の場合）… 外からの自らと隔たりをとっての接触の場合，主体は客体を〈有界〉の空間的存在（つまり，〈モノ〉）として，自らと対立する〈他者〉として認識することになろう。一方，（日本語の場合）自らの肌を通して内なる存在として接触する主体は，客体を時間と共に変化する〈無界的〉な存在（つまり，〈コト〉）として体験することになろう。
>
> (池上 (2009: 432))

ここでは，日本語の主体は「〈コト〉としての体験をする」と述べられていますが，これは「時間と空間のある場における体験」のことです。コトは「出来事全体」を表します。一方，英語の場合，モノは有界的な存在，すなわち「個体」であり，おおむね不変の存在を表すと述べられています。また，以下で触れますが，英語

のモダリティはモノあるいはヒトとして概念化されるのに対し，日本語のモダリティはコトとして概念化されます。コトは〈言〉とも〈事〉とも記されます。〈言〉とは「言葉」，〈事〉とは「事柄」のことで，言葉によって事柄を表すので，コトという同じ表記がなされたのでしょう。事柄のコトとは人間同士の関わり合いによって，時間的に展開される事柄であり，その際変化が生じます。よって，コトには時間軸が入っていて，コトは時間の経過とともに進行する事態レベルのものです。それに対し，モノはヒトを対象として感知・認識するという述語レベルのものです。よって，英語を「モノ的言語」，日本語を「コト的言語」と呼ぶことにします。

　このモノ的言語／コト的言語の対立（池上 (1982)）を日英語のモダリティに援用すると次のようになります。

(1) a. The road may be blocked.

b. It is possible that the road is blocked.

(2) a. The road can be blocked.

b. It is possible for the road to be blocked.

この例は，Leech (1987: 81) から部分的に引用したものです。(1a) の may は，「道路は閉鎖されるかもしれない」という現実的可能性を表す認識的モダリティですので，(1b) のように that 節を作用域 (scope) とする 'It is possible that ...' でパラフレーズされます。that 節を伴う内容は〈コト〉そのものですから，「道

路が閉鎖される」という〈コト〉が「カモシレナイ」のであって，道路そのものが「カモシレナイ」のではありません。上でも述べたように，(1) における「道路が閉鎖される」という〈コト〉には時間軸が入っており，時間の経過とともに進行するものになっています。これに対し，(2a) の can は「道路が閉鎖され得る」という理論的可能性を表す状況可能のモダリティで，これをパラフレーズすると，(2b) のように 'It is possible for ～ to …' の構文になります。重要なのは，(1) では that 節でパラフレーズされたのに対し，(2) は to 不定詞でパラフレーズされ，that 節ではないという点です。(2b) が that 節でないということは〈コト〉的ではないということであり，to 不定詞でパラフレーズされることにより，for ～ で導かれた the road が際立ち，むしろモノ（ヒト）的な事態把握になります。

　要するに，(1) のように，認識的モダリティは 'It is ADJEC-TIVE that …' 型でパラフレーズされ，時制を含め命題全体を作用域とします。that 節はコト的な事態レベルのもので，コト的に把握される事態は時間軸に沿って変化します。上述したように，日本語はコト的言語であり，主観的把握の傾向が強く，It is possible that … とパラフレーズされ，認識的モダリティをプロトタイプとするので「認識的モダリティ型言語」と称することにします。

　一方，(2) のように，認識的モダリティでない can の場合は 'It is ADJECTIVE for (of) ～ to …' 型でパラフレーズされ，

for（of）で導かれたモノ／ヒトが前景化されます。このモノ的言語は客観的把握の傾向が強い英語の特徴であり，認識的モダリティ以外の束縛的モダリティや力動的モダリティをプロトタイプとするので，「非認識的モダリティ型言語」と称します。

さらに，英語話者はモダリティを使った〈モノ〉的表現のほうを好む傾向にあります。これは，英語のモダリティの文法化でも見てきたように，英語の法助動詞は元来人間という〈モノ〉的な項を主語とする本動詞から文法化したためと考えられます。よって，英語のようなモノ的言語では，人間という〈モノ〉の典型を主語として選択するモダリティによって表現されやすくなります。一方，日本語の認識的モダリティ「〜かもしれない」「〜（である）に違いない」「〜だろう」などは，「〜コトかもしれない」「〜コトに違いない」「〜コトだろう」などと表現されるように，本質的には〈コト〉的把握なのです。

たとえば，She *can* speak English.（彼女は英語を話すことができる）をモノ的把握の視点からパラフレーズすると It is possible for her to speak English. となります。それに対し，コト的把握の that 節でパラフレーズすると It is possible that she speaks English. となり，「[彼女が英語を話すこと] が可能性としてある」と解釈されます。これを日本語らしく表現すると「彼女は英語が話せるかもしれない」となります。「話せる」は，「読める」「見える」のように，人間の意志でコントロールしなくても自発的に，自然に起こることを表しています。この that 節は，次章で述べ

ますが,「スル」という人為的な動詞を好む英語とは異なり,「ナル」という自発的な動詞を好む日本語と親和性が高いのです。

　主観的把握の傾向の強い日本語は「認識的モダリティ型言語」でありますから,認識的モダリティは発達するのですが,それ以外のモダリティは発達しにくいと考えられます。それゆえ,mustの義務は「なければならない」と訳出され,mayの許可は「てもよい」と訳出され,canの潜在的能力は「ことができる」や「し得る」というように複合文末形式で訳出されてきました。日本語のほうは話者の評価を表す評価モダリティですので話し手指向ということになり,主語指向的な英語の束縛的モダリティとは異なります。したがって,「モダリティ」という同じ用語で表されていても,客観的把握型の英語と主観的把握型の日本語とでは,モダリティの表す内容が異なるのです。そもそも日本語話者による事態把握は,事態に埋め込まれた自己が知覚・認識の原点とされる形で営まれるというのが基調です。自己の客体化という認知が先行する英語とは認知主体の関わり方も異なりますので,自ずと別個のモダリティ体系が生じてきたのではないかと考えられます。

　最後に,日本語がコト的言語で,英語がモノ的言語であることの経験的な反映として,日本人英語学習者が英作文したときの事例を紹介します。次の例は,大学生が「高齢化は避けられないことである」を英作文したときの一例です。

第7章　事態把握とモダリティ　121

In conclusion, the phenomenon that people living longer
is inevitable things. It is a point of view from recent medi-
cal technology, abundance of foods and intention of old
people.

英語であればモノ的に把握した表現が自然になるところ，日本語
母語話者はコト的に把握する認知能力が働くため，英訳する際に
も thing（こと）という語を使ってしまうのでしょう。

☞　主観的把握の傾向が強い日本語を「認識的モダリティ型言
　　　語」と呼び，客観的把握の傾向が強い英語を「非認識的モ
　　　ダリティ型言語」と呼びます。

7.2.　「スル的言語／ナル的言語」と事態把握とモダリティ

　「スル言語／ナル言語」という名称を一躍世に広めた第1人者
である池上は，英語を「状況における個に着目し，その個の行為
に焦点をあてている動作主中心志向」とするのに対し，日本語を
「動作主よりも状況全体の変化に焦点をあてている状況中心志向」
とするといった対比によって，スル言語／ナル言語という言語類
型論的特徴を提示しています。池上（1981）で「ナル言語の指標
であるナル表現は日本語の特性を端的に示すものである」と論じ
られて以来，「日本語は状態に言及するナル言語で，英語は動作
に言及するスル言語である」という先駆的な論点で数多の議論が

なされてきました。

　そもそも，池上がスル的／ナル的という着想を得たのは，次に引用する佐久間（1941）の論述からであったとされます。

　　　「日本語ではとかく物事が『おのずから然る』やうに表現しようとする傾向を示すのに対して，英語などでは『何者かがしかする』やうに，さらには『何者かにさうさせられる』かのやうに表現しようとする傾向を見せてゐる …」

（佐久間（1941: 214））

この中には，日本語に「おのずから然る」という性質があり，「自然本位的」な傾向があるのに対し，英語には「何者かがしかする」や「何者かにさうさせられる」というように「人間本位的」な傾向があるという論点が見られます。このような論点を基に，池上は，日本語は「BE 言語」でナル的，英語は「HAVE 言語」でスル的という対立概念の着想を得たようです。

　比較的最近では，近藤（2018: 48）において〈スル〉型と〈ナル〉型の基本が次のようにまとめられています。

　　〈スル〉型：　〈動作主〉に焦点を当てた出来事の捉え方で，出来事に関与する〈動作主〉を言語化し，そこからの働きかけの視点で出来事を捉えるタイプ
　　〈ナル〉型：　〈動作主〉を背景化し，出来事全体を眼前に出来する事態として捉えるタイプ

第7章 事態把握とモダリティ　123

　動作主が行為をすることに重きを置く〈スル〉型は英語のような言語に見られるのに対し，動作主が前景化されず（すなわち，背景化され）事態全体で捉え，状態変化を描くことに重きを置く〈ナル〉型は日本語の特徴とされます。池上（1981）にも「現代日本語は動作主よりも状況全体の変化に焦点を当てたナル表現，英語は状況における個に着目し，その行為に焦点を当てたスル表現を好んで用いる」と述べてあります。

　前節で，主観的把握の傾向の強い日本語はコト的言語で It is possible that ～ とパラフレーズされることに触れました。また，〈ナル〉型で状態変化を描くことに重きを置くと上述しました。この状態性と It is possible that ～ の that 節は関連があります。なぜなら，It is possible that ～ の that 節内では「～になること」「～であること」が表現されるからです。一方，客観的把握の傾向の強い英語はモノ的言語で It is possible for (of) ～ to とパラフレーズされます。この for (of) ～ to は「～が … する」というように，動作主が行為をすることを表すので〈スル〉型と言えます。

　こうした事態把握の概念も踏まえて，スル的言語／ナル的言語を類型化すると，次のようになります。

　　スル的言語：　動作主は前景化される

　　　　　　　　　モノ的言語

　　　　　　　　　客観的把握の英語

ナル的言語： 動作主は背景化され，ゼロ化される

出来事全体，つまりコト的言語

主観的把握の日本語

動作主が主体的に出来事に関与することを言語化したスル的言語とは動作主が前景化され，客観的把握の傾向が強いモノ的言語の英語のことを指します。一方，人為的な制御の及ばない自然発生的なもの，自発的なものを表すナル的言語とは自己がゼロ化される主観的把握の傾向が強いコト的言語の日本語のことであると類型論的に整理できます。

以下では，日本語のナル的特徴について八つの観点から観察を進めていきたいと思います。

第1に，上に挙げた論述からナル表現はコト的言語と関連していることが分かりましたが，たとえば，守屋（2011）が述べるように，日本語には「春めく」のような一語で「ナル表現」を体現する動詞がかつて存在しました。これはコトを軸とした捉え方で，やがて「春になった」と表現されるようになります。これを英訳すると Spring has come. すなわち「春が来た」というようにモノを軸とした捉え方で表現されます。英語の場合，今まで無かった事態が発生した際は起点に重きを置き，事の「始まり」を伝える表現になります。「なり得る」などは出来の可能性を推し量るモダリティと考えてもいいかもしれません。また，英語は抽象名詞が主語であったとしても，メタ認知的行為を行うのは「ひ

と」ですから，主語の抽象名詞が「ひと」に行為をさせるという
ようなスル表現で示されます。一方，日本語の「春になった」は
「始まり」より「結果」や「到着点」に重きを置き，「出現（emer-
gence）」を表しています。「結果として次に～になる」というよ
うに状況の変化や推移も表されます。また，認知主体の話者は事
態内に位置づけられ，言語化されません。これを「事態を見えの
ままに言語化する」と言います。さらに，このナル表現は，話者
との関わりを体験的に捉えていることを示唆しています。

　第 2 に，ナル表現の典型である動詞「ナル」の辞書的意味は，
山口・秋本（編）（2001）によると，「出現」「生起」を表し，広
い意味を担っています。ナル表現は，たとえ話者自身による行為
であっても，自然発生的に事態が出来することを含意するという
点では自発（れる，られる）と意味的関連性があります。「なる」
の本義を表す字として「成」があります。ここから，「成し遂げ
る」という「可能」の意味も派生します。「可能」の「出来る」は
まさに「出来する」からきていて，「（あることが）成る」という
〈自発〉を連想させる意味に由来するものです。〈自発〉とは「自
ずから然る」という含意があり，〈動作主による働きかけ〉がな
いことを表しています。一方，英語は「動作主構文」などと言わ
れますから，これも類型論的特徴といえましょう。

　第 3 に，「実がなる」のような「ナル表現」は「出現」，「出来」
や「存在」を表し，これが意味拡張して「変化」までをも表しま
す。「変化の過程を含む状態」を話者が体験的に受けとめること

を表現しています。よって，「出現 → 存在 → 変化 → 状態」というプロセスが見られます。また，定延（2008: 33）が「体験は状態をデキゴト化する」と述べるように，話者の体験が関わっているからこそ，存在を表していたナルが変化まで意味拡張するのです。たとえば，「今朝は富士山が真っ白でした」を「真っ白になっていました」とすると，富士山の変化を話者本人がみた自己の体験として物語っていることになります。表現の中に時間の要素が入ってきて時間の経過が言語化されると話者の体験を暗示します。体験は空間よりも時間に関わるものです。ナル表現における体験とは「心的に体験すること」を意味すると考えられます。さらには，対話においては，話者の心的体験を聞き手にも臨場させ，聞き手に擬似体験を促す効果もあります。

　第4に，ナル表現では，話者は言語化されず，自己のゼロ化が起こっているということが，ひとつの特徴です。また，主観的把握の傾向の強い日本語は It is possible that でパラフレーズされると上述しましたが，that 節の中では時間の経過が示されています。「アル」と「ナル」はいずれも状態性を備えていますが，「アル」が空間的存在を含意するのに対して，ナルは時間の流れを含意します。その際，時間の流れを〈体験〉している主体（体験者：変化の経験者として振る舞う者（定延 2016））がその場にいるという臨場感が表されます。主体による〈主客合一〉的な主観的把握のスタンスが暗示されているのです。定延（2016: 41）も述べるように，日本語の場合，状態を体験，つまり「（自分あ

るいは誰かによって）経験された状態」として語ると，その状態は知識ではなく体験された出来事になります。

第5に，事態の事実関係や因果関係を表すことに重きを置く「スル的言語」の英語とは異なり，日本語のような「ナル的言語」は認知主体が自分の意志とは関係なく自然に何らかの変化を被る体験を表すことが多くあります。変化のプロセス，すなわち「推移」に主眼を置くのです。その際，認知主体は事態の中に身を置き，言語化されません。まさに，体験した事態を「見え」のままに言語化する主観的把握といえます。そして，「ナル表現」は推移した結果得られた新情報を伝えるため，認知主体がそれを驚きとして体験的に受け止めることを表します。この表現は，第8章第4節で述べますが，ミラティビティ（mirativity）と呼ばれます。「ナル」そのものがミラティビティの指標ともいえましょう。

第6に，空間の中に時間を読み込むような事態把握をすることで，そこに変化のプロセス（推移）が暗示されます。たとえば，(3a) の「気に入った！」の体験を表す「た」がまさにそれに該当します。(3b) も英語であれば It's nine o'clock. とするところ，日本語では「なりました」のナル表現を使い時間的表現を空間的表現として読み込むことで，推移を楽しんでいるのです。ナルという状態性から，推移を楽しむという体験がなされた出来事に変化していることがうかがえます。無論，この場合「9時になりました」の「に」の働きも重要です。「に」は空間的にも時間的にも使えますが，推移を表しています。

128

　第7に，空間に時間が入り込む際，時間を知覚できる存在がいて，その存在が自らの体験を語っています。その体験には，時間の流れと共に変化が伴います。空間的表現の使用は時間の流れを感知している認知主体の存在を暗示しています。体験は話者が認識の原点に立って行うものです。池上（2003）も主観的把握を事態が発話の主体によって自己中心的な視点から体験として把握されるものであると述べています。よって，話者という認知主体そのものは言語化されていないものの，話者自らが直接身体的に関与し，体験的に把握し，体験された出来事として語っているという意味では，主客合一的な主観的把握です。まさに，体験を〈見え〉のままに言語化しているということになります。

　第8に，知覚体験を表す日本語と英語の例が以下にあります。これらの日本語は一瞬の「いま・ここ」を体験的に把握していますが，それを英語で表現すると結果としての状態を示すに過ぎません。

(3) a.　気に入った！

　　　I like it now!

　　b.　（ニュースの出だし）9時になりました。

　　　Now nine o'clock.

(3a) の「た」は昔体験したことを「いま・ここ」に思い起こし再認識している，いわゆる「想起」を表しています。よって，変化した一瞬の体験を表しているのです。(3b) の「なりました」は

第7章　事態把握とモダリティ　129

推移を体験していることを示しています。

　ここで，ナル的表現とモダリティの関係について二つの観点から触れておきましょう。第1に，次の例を見てください。

　(4) a.　来月神戸に引っ越すことに<u>なりました</u>。

　　　　　I *will* move to Kobe next month.

　　　b.　4月から英語の教師をすることに<u>なりました</u>。

　　　　　I *will* be an English teacher from this April.

(4) の will は日本語では頻繁に「ナル」的に解釈されます。実は，will 以外に状況可能の can もナル表現として使われます。

　(5)　I *can* see you tomorrow.

　　　（明日お目にかかりましょう）

この場合，「明日お目にかかることに<u>なります</u>」とも言い換えられます。can は動作主の能力・属性以外の外的状況が許せば起こり得る可能性を表す状況可能ですので，「状況により明日お目にかかることが可能である」を意味しています。これは「状況により明日お目にかかることがあり得ます」，ひいては「状況により明日お目にかかることになります」を含意しています。したがって，英語でもナル表現として使われることがあることから，「英語がスル的，日本語がナル的である」とは一概に決めつけられないことが分かります。一つの言語でも，ある部分はスル的，またある部分はナル的ということです。

第2に，日本語は，「に違いない」「かもしれない」「しなければならない」「してはならない」のように，否定が意味要素または形態要素としてモダリティ表現に組み込まれている場合が多くあります。なかでも，義務を表す「しなければならない」や禁止を表す「してはならない」には「ナル」の否定形が使われています。「しなければならない」は，否定の「しなければ」と否定の「ならない」が組み合わさって二重否定となっています。日本語には否定先行の傾向があります。否定が好んで使われることを"negative valency"（否定結合価）と呼びます。また，「ならない」は「なる」の否定形でありますから，ナル表現由来のものであり，自発的，すなわち自然発生的に事態が出来しないことを表しています。英語で「しなければならない」は義務を表す束縛的モダリティの must で表されます。must は話者による必然性を表しているので，自発とは正反対の概念を示しています。モダリティ一つとってみても，英語と日本語とは根本的に異なるということを物語っています。

以上，「モノ的／コト的」や「スル的／ナル的」といった類型論的特徴が事態把握の傾向差に起因し，それらが日英語のモダリティのあり方にも関わっていることが分かりました。具体的には，主観的把握の場合，話者の〈見え〉に話者自身は入らず，話者にとって意味のあるものだけが前景化され，意味のないものは話者も含めて背景化され見えないというわけです。この「見えない私」という現象は，極めて認識的モダリティの特徴の「話し手

第7章　事態把握とモダリティ　　131

指向的」なものであるといえましょう。

☞　自己がゼロ化される主観的把握の傾向が強い日本語を，ナ
　　ル的言語，またはコト的言語と言います。

```
コラム
```

心的体験

　学校英文法では，［can ＋感覚動詞］に関して「通例進行形
にならない感覚動詞は can を付けることで進行形の代替表
現になる」と説明されてきました。具体的には，*I am
hearing. という表現は非文で，I *can* hear the neighbor's
television.（隣のテレビの音が聞こえている）と言わなければな
らないというものです。「（私に）〜が見える」，「（私に）〜
が聞こえる」という感覚動詞には，私という〈感じる主体
(sentient)〉が心理的影響を与えているのですが，ゼロ化さ
れています。その際，自らの意志や意図・視覚聴覚などとは
無関係に起こることを示し，自発を含意します。それと共起
する can は「自発的モダリティ」と呼んでもいいかもしれま
せん。

　自発という概念は〈体験〉と結びつけて考えられますので，
自発的モダリティの can は，無意識のうちに自然にそうなっ
てくるという「心的体験」を表しています。たとえば，I *can*
see something in the hole.（穴の中に何かが見えている）や I
can hear the sound of a violin.（バイオリンの音色が聞こえて

いる）の例文では，can によって〈感じる主体〉が無意識の
うちに心的体験をしていることが表されています。

第 8 章

主観的把握と〈自己のゼロ化〉とモダリティ

主観的把握の傾向の強い日本語においてモダリティは認識的モダリティをプロトタイプとするという考えを踏まえて，第8章では，主観的把握と認識的モダリティの関連性を〈自己のゼロ化〉の観点から解き明かしていきます。

8.1.　〈自己のゼロ化〉と日本語のモダリティ

　ウオーフ（Whorf）の〈好まれる言い回し〉でいう「日本語らしさ」を挙げるとすれば，主観的把握の傾向が強いということになるでしょう。主観的把握ですから，日本語話者自らは事態の中に臨場しているスタンスをとり，自らは視野に入らず，言語化されません。列車に乗っていると，「間もなく東京です」というアナウンスが流れます。このような自己が潜在化された表現こそが，まさに〈自己のゼロ化〉の例です。

　この〈自己のゼロ化〉は話者のみに起こるのではなく，実は2人称や3人称にも起こることがあります。これは「自己投入」という心理的過程を経るからであると考えられます。たとえば，「わかってくれるでしょ」の「でしょ」は「だろう」という推し量りを表すモダリティですが，話者自身が推量の場に生じているに過ぎないため把握の対象にはなく，言語化されていません。判断を聞き手に委ねてはいるものの，共有したいという気持ちから聞

第8章　主観的把握と〈自己のゼロ化〉とモダリティ　135

き手も言語化されていません。厳密にいうと「（あなたは）（私の
ことを）わかってくれるでしょ」を意味していますが，話者も聞き
手も明示化されていません。次の（1）は電話の会話です。

(1)　A:　もしもし，（私は）黒滝です。
　　　B:　あ，黒滝さん。（あなたは）どうしましたか。
　　　A:　いや，（私は）ちょっとお聞きしたいことがありま
　　　　　して …

（1）において，A さんも B さんも「私」や「あなた」を言わない
のが自然です。これは，日本語が話者も聞き手もお互い同化させ
て捉えている，いわゆる「（話者の主観が聞き手と共有される）
共同主観的」あるいは「間主観的」に事態を把握しているからで
す。それゆえ，聞き手もゼロ化されているのです。たとえば，
「この調子で勉強すれば，来年は合格する<u>でしょう</u>」の「でしょ
う」も第三者を推量の共有へと巻き込んでいる，いわゆる共同主
観的な表現といえます。また，「この辺でお開きにし<u>よう</u>」の「よ
う」は意志を表すモダリティですが，ここにおいても自己も他者
もゼロ化され，他者を含めた話者の意志を表す共同主観的な表現
になっています。推量を表す認識的モダリティと意志を表す力動
的モダリティの両方にまたがる「う」や「よう」が，〈自己のゼロ
化〉という日本語らしさを最も顕著に示しているといえます。そ
の他，モダリティのカテゴリーに入りませんが，終助詞の多用も
話者と聞き手がゼロ化された共同主観的な表現のあらわれです。

136

　主観的把握の傾向が強い日本語ならでは言語現象といえましょう。

　日本語に特徴的な〈自己のゼロ化〉については池上（2000）も次のように述べています。日本語の話者は事態を言語化する際，状況の中に没入する形で視点を設定し，自らを認識の原点とします。「話者の見え」から外界の事態を体験的に捉え，事態に臨場する形で自らはその状況に居合わせながらも，自らが観察の原点に立って観察するというスタンスが採られるため，自らは言語化の対象から外れてしまい，言語表現上現れてこないのです。認識の原点としての自己は言語化の対象として意識されず，無化され「自己のゼロ化」が起こります。まさに，第7章で触れた「環境論的自己（ecological self）」（本多（2013: 201））なのです。

　さらに，黒滝（2013）が論じるように，認知主体である話者はその場に臨場し，当事者的な観点から観察します。対象と同じ場にいるわけですから，同じ場にいる他者とも状況を共有し，共感しやすいのです。場を体験的に捉える「体験的把握」[1]をするため，証拠や根拠に基づく発話も組み立てやすくなります。また，直接体験したかのように捉えるからこそ信用度も高まります。日本語の認識的モダリティに証拠・根拠あっての推量を表す場合が多いのはこのためであると考えられます。

　次の例文では，疲れているという状況だけが言語化されてい

---

[1]　主観的把握では，認知主体は直接身体的に関与し体験しているかのように，見えているままを自分の肌で感じて捉えます。このように，場の中に身を置いて知覚的・体験的に捉えることを「体験的把握」と言います。

第8章　主観的把握と〈自己のゼロ化〉とモダリティ　137

て，動作主は表現されていません。

(2)　さぞお疲れのこと<u>でしょう</u>。（もうお休みください。）

(2) の文でも〈自己のゼロ化〉が起こっています。また，話者も聞き手も文中に表されていませんので，判断するためには話者と聞き手の共有情報に頼るしかありません。話者と聞き手が共有できる情報に基づいての判断を表すという意味で間主観性とも関わっています。

8.2.　潜在化されて見えない「私」を知る手がかりとしてのモダリティ

　発話内容を理解するためには，自己が見えずとも，その見えない自己を特定しなくてはなりません。その手段として使われるのがまさにモダリティであることをこれから述べていきます。

(3) a.　Oh, I'm so sad!
　　 b.　おぉ，悲しい。

(3a) のように，英語は自己を他者化して表現します。一方，(3b) のように，体験的把握をする日本語の場合，感情は体験している「私」にしかわからないので，敢えて「私」を表現しなくてもいいのです。

　黒滝（2014）は，日本語話者は，話者の〈見え〉から事態を体

験的に捉える際，そのプロセスや根拠をモダリティによって示すことで，事態に没入した認知主体を顕現化させようとする手法をとっていると述べています。日本語においては敢えて話者を明示しなくても，その潜在化された話者は，とりわけ「と私は思う」が含意される認識的モダリティの中に溶け込んで内在されているというわけです。要するに，認識的モダリティはゼロ化された自己を知る手がかりになっているといえます。

　さらに，黒滝（2013: 330）は次のように説明しています。すなわち，日本語の〈見え〉自体はすぐれて自己中心的（egocentric）な性格のものであるから，話者が当該事態について抱くあらゆる想いに至るまでを豊かに表現するために認識的モダリティが使われます。日本語の認識的モダリティが多様に発達しているのもそのためでしょう。また，日本語は人称を明示しないなど，人称制限が多く起こります。たとえば，「う」「よう」の推量や意志の主体も言語化されずに，「自己のゼロ化」が起こっています。「う」「よう」の中に話者が溶け込んで内在されているのです。内在化された話者が段階的に関与するため，適材適所で認識的モダリティが多用されています。まさに，「日本語のモダリティはゼロ化された自己を知らしめる手がかりなのである」と言っても過言ではありません。

　次の（4）はゼロ化された自己を顕在化させるモダリティの例です。

第8章　主観的把握と〈自己のゼロ化〉とモダリティ　139

(4) a.　明日は一日中寝ているかもしれない。

b.　今年こそは合格するに違いない。

c.　彼の見解は間違っているようだ。

d.　京都は雨が降っているそうだ。

(4a) や (4b) のように，認識的モダリティにおいて，認知主体の話者は言語化されず「自己のゼロ化」が起こっています。日本語のモダリティのプロトタイプは認識的モダリティであり，非プロトタイプが証拠性判断を表す証拠的モダリティです。よって，(4c) や (4d) のような証拠的モダリティにも「自己のゼロ化」が起こります。証拠的モダリティは伝える根拠や情報の出処，観察の情報源を示すものです。その際，話者が事態の参与者であり，視点が状況内にありますから，話者はその状況を直接体験する存在として自らの体験をなぞらえる形で言語化します。報告的に表現することができないので，それを証拠的モダリティで補うのです。証拠性が体験的に事態把握をするという概念と関連していることがお分かりいただけるでしょう。

　日本語においては，体験者である話者が明示されず，体験の場の「いま・ここ」に視座を置き，体験そのものを〈見え〉のままに言語化するというわけです。〈見え〉とは，事態が自分にとってどのように見えるかということで，その自分にとっての〈見え〉を言語化しているのです。たとえば，原作から読み手が読み取る〈見え〉と翻訳から読み手が読み取る「見え」とは同一になるとは

限りません。「見え」とは 'construe A as B'（＝A を B として分析し解釈する）ということであり，すなわち，「見立てる」という主体的な営みの産物なのです。「動詞 A as B」構文でお馴染みの regard A as B の「A を B とみなす」とは「客観的に A を B と決めつける」ことを言いますが，construe のほうは話者が主体的に認知的な営みを行い，A を B と見立て言語化することをいいます。「見立て」は極めて主観的なものでありますが，これは比喩とは異なる「見え」です。すなわち，見立ては自分自身の体験に基づき，個人的なもの，身体性に関わるものです。そして，話者自身にとって関与性のあるものだけを解釈することになります。（一方，比喩は誰しもが納得する，より一般的なものでなければなりません。）自らの身体性に関わる，すなわち自分にとって関わりがあるということは，自分にとって意味のあることを表します。これこそが，認知言語学の基本概念なのです。

　英語話者とは異なり，日本語話者は〈ゼロ化された自己〉を暗に示すためにモダリティを使うということが分かりました。従来，文の主語は「述語と対立しているもの」と考えられてきましたが，日本語の場合「モダリティの中に溶け込んで内在されているもの」もあるということがいえそうです。

第8章　主観的把握と〈自己のゼロ化〉とモダリティ　　141

> **コラム**
>
> ### 〈見立て〉と〈見え〉
>
> 〈見立て〉は自分が実際に体験したものです。〈見え〉より
> も〈見立て〉のほうが話者の主体的な営みのニュアンスが入
> ります。〈見立て〉を比喩でたとえるのは可能ですが，比喩
> は意味を転用し新しいものを出すものです。比喩には，直喩
> (simile)，隠喩 (metaphor)，換喩 (metonymy)，提喩 (syn-
> ecdoche) などがあります。

8.3. 〈自己のゼロ化〉と証拠的モダリティ

　前節でも扱った証拠的モダリティ (evidential modality) とは，
自分が伝えようとする情報をどのようにして入手したかといった
情報の出処（情報源）を示すものであり，それが，直接的証拠に
基づいての判断なのか，報告などの間接的証拠に基づいての判断
なのかによって使い分けられます。われわれの認識はまず「見て
知る」ことによって動機づけられますので，証拠的モダリティは
重要な存在です。

　この直接的／間接的証拠については，Lyons (1982) が次の
(5) のような例文から説明しています。

　(5) a.　I believe him honest.

b. I believe that he is honest.

(5a) は動詞 believe と目的語 him が直接並んだ形になっていて，目的語 him のことを直接知っていることを示唆しています。(5b) では動詞 believe と he の間に that が挿入され，動詞 believe と he が切り離されたような形になっている分，he が正直者であることの理解も伝聞によると解釈されます。伝聞表現は情報源を示す表現と共に使われます。Aikhenvald (2004) によると，その情報源には，①視覚から知った情報，②視覚以外の聴覚・嗅覚・触覚などから知った情報，③見てはいないが，ある特別な情報・経験からの推定，④論理的思考や一般的に想定される仮説に基づく推論，⑤伝聞，⑥引用の 6 種類があるとされます。いずれも体験して得られる情報源ですので，定延 (2008) が提唱する〈体験（直接的体験）／知識（間接的体験）〉という枠組みで考えると分かりやすいでしょう。ここでいう知識と体験の区別については，定延 (2008: 185) において次のように提示されています。

図 5 「知識」と「体験」

図 5 が意味しているのは「共有可能性が低いということは話し手が専有するだけで他者とは共有できないわけですから，極めて個人的な言語情報になる」ということです。共有情報が少なければ

直接的体験になります。ただし，日本語は共有情報かそうでない
かの区別に敏感ですが，英語は共有情報を区別しませんので，
〈体験（直接的体験）／知識（間接的体験）〉という枠組みは日本語
でのみ適用可能であるといえましょう。共有情報かどうか，すな
わち間主観的かどうかが証拠性と関わるということに関しては後
述します。

　従来，証拠的モダリティは，「ドイツ語にあるが，英語には無
い」と言われてきました（Palmer（1990: 12））。たとえば，ドイツ
語の sollen に「らしい」を表す伝聞の意味がありますが，英語の
shall には伝聞の意味は発達しませんでした。しかしながら，
Chafe（1996）は英語の伝聞の存在を認めています。ただ，証拠
性という文法カテゴリーはまだ新しい概念といえます。証拠性
（evidentiality）はアメリカ先住民の言語，とりわけ"アマゾン"，
さらには欧州の"ブルガリア"やアジアの"チベット"といういく
くつかの地域で発達してきたものです。Aikhenvald（2004）によ
ると，世界の言語の4分の一が何らかの形で証拠性の文法カテ
ゴリーを備えているとのことです。第3章で Palmer のモダリ
ティの分類に触れましたが，一般的に証拠性の定義や分類は曖昧
です。証拠性はモダリティというより，直接経験を表すという点
からテンス的であるという解釈（de Haan（2012））もあり，また，
認知文法で証拠性はテンスやダイクシスが含まれるグラウンディ
ングシステムの一種として捉えられています（Langacker（2017））。
　証拠性とモダリティとの関係については，次に挙げるように大

144

きく三つの立場があります。

[ア]　モダリティと証拠性とは無関係である。

[イ]　証拠性はモダリティの一部である。

[ウ]　モダリティと証拠性は重なる箇所がある。

[ア] は Aikhenvald (2004) や de Haan (2006) に代表される考え方で，モダリティと証拠性は関係がないという立場です。確かに，モダリティは発話時における話し手の主観的な感情が反映されるものですが，一方証拠性は証拠という客観的な判断材料に基づくものです。異なるカテゴリーに属するという解釈も理解できます。[イ] の立場は Palmer (2001) が挙げているもので，日本語学において「伝聞」は認識的モダリティの下位分類として捉えられています。また，[ウ] の立場には Narrog (2012) があり，モダリティと証拠性は重なる箇所があるという捉え方です。

　証拠的モダリティが認識的モダリティ同様，It is ADJECTIVE that ... とパラフレーズされることから，証拠的モダリティは認識的モダリティの非プロトタイプであると考えられます。これは [イ] の立場に近いもので，事実 Palmer (1990) は認識的モダリティの must に証拠に基づくモダリティ表現がある例を挙げて [イ] の立場を主張しています。

(6)　John will be in his office now.　Yes, the light are on, so he must be there.　　　　　(Palmer (1990: 57-58))

第8章 主観的把握と〈自己のゼロ化〉とモダリティ 145

(6) は，オフィスの電気がついているという「発話時に入手可能な証拠」に基づいて推論しています。よって，この must は直接得られた証拠に基づく話者の推論を表しているものです。

さらに，Palmer（2001: 24-26）は話者の判断する根拠に3種類あることを (7) の例文から述べています。

(7) a. John may be in his office.

b. John must be in his office.

c. John'll be in his office. (Palmer (2001: 25))

(7a) の may はジョンが事務所に居るかどうかに関しての不確かさ（uncertainty）からもたらされる推測（speculative），(7b) の must は観察できる証拠（たとえば「事務所の電気がついている」や「今彼は家に居ない」など）に基づく推論（deductive），(7c) の will は経験や一般的な知識（たとえば「彼は仕事中毒である」）からの推定（assumptive）を表すと説明されています。

must には，必然性を表す認識的モダリティ（可能性の may に対するもの）と，これまでの知識や証拠に基づいて現在のことを推量する証拠的モダリティとの2面性があるということになります。後者は，根拠がない，あるいは目に見えない事柄について推量する will とは異質のものです。

(8) は『雪国』からの引用で，駒子の日頃の様子を観察して，話者である島村が駒子の望んでいることを推論している場面です。

(8) "So it was every day. Komako must have wanted to crawl away and hide at the thought of where it was leading." (Kawabata Yasunari (1957) *Snow Country*, transalated by Edward G. Seidensticker, 129)

(「毎日がこんな風では，どうなってゆくことかと，さすがに駒子は身も心も隠したいようであったが」)

(川端康成 1952『雪国』，134)

この must はこれまでの観察による証拠に基づく推論を表す証拠的モダリティとして使われています。

また，Palmer (2001: 36) は，次の (9) が例示するように，can も証拠的モダリティとして使われる場合を指摘しています。

(9) One *can* see you were sick.

(9) は「君は具合が悪かったようだね，皆わかっているよ」というように，推測された結果を表しています。この can は，行為者の能力・属性以外の状況によって，話者という認知主体があり得るかどうかを判断する状況可能に由来しています。すなわち，「状況からしてあり得る」，より噛み砕いて解釈すると「状況証拠から判断してあり得る」を含意しています。これも一種の証拠的モダリティと解釈できましょう。さらに，この場合総称を表す one を主語とすることで証拠性が高いことを示しています。通時的にみても，中期英語期の can は know how to，すなわち「体験

第 8 章　主観的把握と〈自己のゼロ化〉とモダリティ　147

してやり方を知っている」の意味を担っていました。この点から
も，証拠性は体験的に事態を把握するものであることがうかがえ
ます。

　過去の経験に基づいて起こり得る可能性を表す can は現代英
語でも使われています。その例が次の (10) の can です。

(10)　It *can* be so cold here in the winter.

この文は「冬の時期ここはとても寒くなり得る」という意味で，
話者はこの場所で冬を過ごしたことがあり，その実体験に基づい
て発話しています。これが may だと話者は自信もなく，単にと
ても寒くなることを想定しているに過ぎないことを含意します。
よって，この can も根拠あっての可能性を表す証拠的モダリティ
であるといえます。

　ここまでは英語の証拠的モダリティの話でしたが，次に，日本
語の証拠的モダリティを見てみましょう。日本語の証拠的モダリ
ティというと，「ようだ」「らしい」「（〜し）そうだ」などが挙げ
られます。ところが，実は，認識的モダリティのカテゴリーに
入っている「だろう」も証拠性判断を表す場合があるのです。た
とえば，「最後にオフィスを出たのは彼女だから，彼女が電気を
消し忘れたのだろう」の「だろう」も，「最後にオフィスを出た」
というように，語るべく証拠在っての推論を表し，話者のみぞ知
る証拠に基づいての判断を示しています。その意味では，この
「だろう」は認識的モダリティというよりもむしろ証拠的モダリ

ティと解釈できます。認識的モダリティの「だろう」は話者が勝手気ままに推論するので主観的といえますが，証拠性の「だろう」は根拠在っての推論ですから客観的なものです。また，この「だろう」は間接的体験を表していますが，体験的に語られることで，ゼロ化された話者がその場に臨場し，当事者的な観点から観察できます。話者は場に没入されながらも，対象と同じ場にいるように感じ，同じ場にいる他者とも状況を共有し，共感しているのでしょう。こうなると，話者と聞き手の共有情報に基づいての判断を表し，間主観的ということになります。つまり，証拠的モダリティは，推論した根拠の出処やそこに至るプロセスや証拠の在り方を示すことで，ゼロ化された話者の主体性を顕現化させる働きを担っているのです。

　上述した定延（2008）の〈体験（直接的体験）／知識（間接的体験）〉という枠組みからすると，証拠性には間接的体験によるもののほかに，話者自身の体験に基づいて話者のみが確認している，すなわち話者だけが知っているからこそ言える直接的体験というものもあります。これは，まさに話者の身体性と関係しており，この場合も話者は言語化されず，そのゼロ化された話者を顕現化させるために証拠的モダリティが使われるのです。証拠性の「話者だけが知っているから言える」ということは，まさに1人称であることの特権，すなわち「話者の特権」です。これが，主観的把握の〈主客合一〉という概念と繋がるのです。したがって，証拠性はモダリティと不即不離の関係にあるといえますが，モダ

リティ以外で証拠性を表すものに，次の（11）に挙げるような「現象文」があります。「現象文」については第8章第4節で詳述します。

(11) a. 空が青い。

b. 日が沈む。

c. 火事だ！

d. 明るい月よ。

（11）はすべて現象文で，話者が「いま・ここ」の場に臨在し，目の当たりにしています。まさに，自己がゼロ化された主観的把握の表現といえ，客観的事実を体験したかのように伝えるので，信用度も高まります。体験することで得た知識に基づいて自然現象を語っている点では，現象文も証拠文の一種といえるでしょう。

　☞ 証拠的モダリティはゼロ化された自己を暗に示すために使われますので主観的把握と関連します。日本語のみならず英語にも証拠的モダリティが存在することから，英語も主観的把握になる場合があるということになります。

　従来，日本語学では，証拠的モダリティは認識的モダリティの下位区分に位置づけられてきました。ただ，モダリティを認知言語学的に「非現実事態を語る文法体系」として捉えるならば，認識的モダリティは事態の非現実性を表すのに対し，証拠的モダリティはある事態の情報の入手源が明らかになる文法カテゴリーで

すから現実性を表すということになります。この点を踏まえる
と，両者は別個のカテゴリーに入ると考えるほうが妥当でしょ
う。まとめると次のようになります。

認識的モダリティ

話者の信念で行う推量など，話者の判断や評価といった主観
的な感情が反映される。

⇓

非現実性を表す判断文となる。

証拠的モダリティ

直接的体験や間接的体験による証拠に基づいて行う推論な
ど，対象としての事態を表す。

⇓

現実性を表し，客観的事実に対する判断を示しているに過
ぎない。

このように，認識的モダリティは話者の主観的判断を表し非現実
的なものですが，証拠的モダリティは客観的な根拠に基づくこと
から現実的なものといえます。そもそも，証拠性とは，事実を目
で見た証拠や聞いた証拠に基づき，その客観的手段に頼り，情報
がどのような根拠で言えるのかを示すものです。日本語は認識的
モダリティをプロトタイプとするのですが，証拠的モダリティを
駆使した体験を表す文が豊かに発達した言語であるともいえま

第8章　主観的把握と〈自己のゼロ化〉とモダリティ　151

す。そして，(11)のような日本語独特の現象文も体験文の一種ということになります。

　元来日本語の場合，対話手段としての機能は遅れて発達しました。つまりモノローグ的だったのです。この一方向的なコミュニケーションを特徴づけるものが話者の〈自己中心的なスタンス〉です。話者自らの感覚や感情から思いつくままに，自らの気づきに誘発されて発話するというわけです。まさに，身体性と密接に関わっていて，自己の体験を表しているのです。さらに，認識的モダリティは既知情報から思考をめぐらし，自ら推論・判断・評価し，それが確信へと繋がるものです。一方，証拠的モダリティは新たに見聞した結果の根拠や証拠に基づいて推論しますので，場合によっては対人関係に配慮して断定や確信を避け，トーンを弱める働きを担います。これはポライトネスと関連します。すなわち，認識的モダリティの推論などは話者自身が内省したことをモノローグ的に言語化するのに対し，証拠的モダリティの伝聞などは他者とのインタラクションにおいて伝聞内容を聞き手に伝えるという，いわばダイアローグ的な性格を有しています。このことからも，証拠性とは話者と聞き手が共有できる情報に基づいての判断を表し，間主観性（shared mind）と関わるものと考えられます。

> **コラム**

モノローグ的性格とダイアローグ的性格

　日本語の言語的特徴として，池上（2007）は「モノローグ的性格」を挙げています。池上（2007）によれば，「モノローグ的性格」とは，たとえ対話であっても聞き手が存在しないかのごとく，話者は聞き手の側で理解への最大限の努力をしてくれることを当然の前提としつつ，自己中心的な振る舞いをすることをいいます。よって，日本語は話者，つまり1人称への強いこだわりから，「話者 対 それ以外」という対立関係が描けます。池上（2007: 290）は，日本語の談話はこの「モノローグ的性格」を帯びることが多く，聞き手への働きかけがしばしば希薄にみえることに言及しています。一方，英語は話者と聞き手とが対等の関係にあることを前面に出すダイアローグ的性格を帯びる傾向にあります。よって，「話者・聞き手 対 それ以外」という構図が描けます。聞き手への配慮に重きを置き，それが聞き手との対等関係を意識したポライトネス表現と関係しているといえます。

8.4.　〈自己のゼロ化〉とミラティビティ（mirativity）[2]

　第7章第2節でナル表現を取り上げたとき，ナル表現は今ま

---

[2] 'mirativity' は「不思議に思う」「感嘆する」を意味するラテン語の mirari に由来し，言語学の用語として「感嘆性」「驚異性」「驚嘆性」「詠嘆性」「意

第8章　主観的把握と〈自己のゼロ化〉とモダリティ　153

で無かった事態の出来や変化を言語化する場合にも用いられることを確認しました。このナル表現のなかには，新しい事態の出来を体験的に認知し，それを驚くべきこととして受け止めるようなミラティビティ（mirativity）を表す表現があります（DeLancey (1997)）。

　DeLancey (2001) はミラティビティを次のように定義しています。

> The term 'mirativity' refers to the linguistic marking of an utterance as conveying information which is new or unexpected to the speaker. （DeLancey (2001: 369-371)）

DeLancey のいうミラティビティとは，話者にとって新情報あるいは思いがけない情報を伝える言語的指標のことを言います。また，DeLancey (1997: 49) は，「英語では 'mirativity' は任意であるが，他の言語では義務的である。ただし，義務的と言っても mirative forms で表すか，あるいは無形で表すかのどちらかである」と示唆しています。

　われわれは予期せぬ情報を突然知った時，現実とのギャップか

───────────

外性」などと訳されます。要するに，予期していないことに対する意外性とそこから生じる「驚き」を表しているのですが，まだ日本語訳が定着していませんので，本書では「ミラティビティ」と表記することにします。ちなみに，ミラティビティはチベット-ビルマ語族が突然意外な発見をした際に発する言葉だそうです。

ら驚き，受け入れがたいという感情を示すことがあるでしょう。そのような気づきや新しい発見があった場合，自己移入や自己投入が起こり，さらには共感さえするかもしれません。このような突然の認識（sudden realization）を表す表現がミラティビティなのです。

ここで，特記しておくべきことは，証拠性の根拠となる証拠は旧情報でしたが，ミラティビティの場合は新情報ということです。新情報を入手した際，その直後は自分にとって現実的なこととして受け止められず非現実なこととして捉え，そこに意外性や予想外の驚きが生じます。なぜなら，突然気づきや新しい発見がある状況では，誰しもがまずその意外性に対して驚き，我を忘れるでしょう。それが感嘆となり，その場に臨場して自己移入や自己投入が起こり，自己が没入するのです。

例を示すと，古くは「夏来たるらし」（ああ，夏が来たんだなあ）の「らし」や詠嘆の「けり」など「気づき」を表す用法がそれに該当します。詠嘆の助動詞は和歌を詠む上で重要な働きをしており，以下のような例があります。

　　逢ひ見ての　のちの心に　くらぶれば　昔はものを　思はざ
　　りけり　　　　　　　　　（権中納言敦忠（43番）『拾遺集』恋二・710）

この和歌の中の「けり」は，逢瀬を遂げる前の恋心など軽いものだということに，今初めて気づいたという発見を表しています。『岩波古語辞典』によると，「けり」に関して「「そういう事態なん

だと気がついた」という意味である。気づいていないこと，記憶にないことが目前に現われたり，あるいは耳に入ったりするときに感じる，一種の驚きをこめて表現する場合が少なくない」と記されています。現代日本語の「た」も過去と発見を同時に表しますが，それと同様に，「なるほど，そうだったんだ」といった新たな気づきに驚異した時に使われるのが詠嘆の「けり」なのです。「けり」には，自らは経験していない，伝聞による過去を表す証拠的な意味があることも興味深い言語現象です。

（12）のように，話者が自然現象などの眼前の事態をありのままに何の主観的判断も加えずそのまま描写する「現象文」³もミラティビティの一種です。

（12）　日が昇る。

　　　　雨が降っている。

　　　　あ，定期券が無い。

　　　　嫌な臭いがする。

（12）の例文に共通して言えることは，感覚・知覚する主体が言

---

³　三尾（1948）によると，「現象文」とは「現象をありのまま，そのままうつしたものである。判断の加工をほどこさないで，感官を通じて心にうつったままを，そのまま表現した文（三尾（1948: 83））」のことです。たとえば，「雨が降っている」のように，「～が＋動詞」と表現されます。メイナード（2000: 120）は，「それ自身がひとつの場であって，新しくひとつの場をもち出すもの」として，現象文を〈場の文〉と称しています。

それに対して「判断文」とは，起こっていることや状況に主観的な判断を加えるもので，「～は＋動詞」と表現されます。

語化されず，体験と結びついているということです。知覚する主体としての話者は事態の中に身を置き，〈自己のゼロ化〉が起こっているという意味で「知覚の営み」とでも言えましょう。現象文は日本語に特徴的であり，主観的把握の極限的な用法と言っても過言ではありません。話者が体験として事態把握する主観的把握という意味で，極限的な用法といえます。確かに，日本語話者は「いま・ここ」の体験にこだわります。そして，その体験を〈見え〉のままに言語化します。知覚されたこと，経験されたことは自分に見えるが，その自分が出てこないのです。自分は認識の原点に立っているので，自分には自分が見えないということです。なんと身体性に忠実なのでしょうか。

　次の（13）において，（13a）は現象文ですが，（13b）は「判断文」と呼ばれます。

（13）a.　（目の前の猫を見て）ほら，猫が寝そべっている。

[現象文]

　　　b.　それは私のグラスです。　　　　　　　　　　[判断文]

（13a）のように，現象文の主語には助詞「が」が付きます。これに対し，判断文の（13b）は，具体的に他の人のグラスと間違えられそうになったような状況で使われ，主語には助詞「は」が付きます。

　現象文は主体こそ見えませんが，客観的事実を体験的に述べているので，「体験文」とも言えます。ゼロ化された話者は，体験

者としてその場に臨場していて，客観的事実を目の当たりにしています。ミラティビティは自分があるものを直接体験しているからこそ起こり得るものなのです。直接体験し，自分の目で何かを見て感動し，我を忘れるような状況になると〈自己のゼロ化〉が起きます。証拠性と同様，感覚を体験する主体は事態の中に身を置き，言語化されませんが，その場に臨在していて，目の当たりにしているのです。まさに，体験した事態を〈見え〉のままに言語化する主観的把握なのです。さらに，新たに出現することによって，変化や推移が伴います。これはナル的と関わります。また，「出現」とは「出来」のことで，前述したように，コト的レベルと関わるものです。

　ミラティビティは〈自己のゼロ化〉が起こるので主観的把握といえますが，実は客観的把握の英語にもミラティビティを表すモダリティがあります。(14) の can は「予想に反する事態，意外なことや突然のことに衝撃を感じ驚いた事態」を表しています。

(14)　What *can* it be?

(14) の例文は「それは一体何なのか」という意味で，驚きや苛立ちを表しています。この can の表す「予想外の事態に驚く」というのが，まさにミラティビティといえます。

　根拠が話者にとって旧情報の証拠的モダリティは現実性を表しているものでしたが，話者にとって新情報を入手した際発話されるミラティビティは非現実性に関わるものということになります。

☞ 話者が体験した事態を〈見え〉のままに言語化するミラ
　ティビティは究極の主観的把握の用法です。

8.5. 事態把握の普遍性と相対性
——英語にも〈自己のゼロ化〉は起こり得る——

　日本語では,「私は嬉しい」のように話者を言語化すると他者
との対比が強く感じられ, 特別なコンテクストがない限り, 話者
は言語化されないほうが自然です。池上 (2006b) は, このよう
な日本語話者の〈好まれる言い回し〉としての主語の省略の原点
が〈主観的把握〉への強い傾向であると述べています。主語の位
置での省略は特に目立つため, 最もよく話題になりますが,〈主
観的把握〉による話者のゼロ化は主語の位置に限られるわけでは
ありません。また, 文法的な省略のほかに, 認知的に見えない話
者もあると考えられます。はたして〈自己のゼロ化〉とは一体ど
のようなものなのでしょうか。これまで, この〈自己〉を「環境
論的自己」として議論してきましたが, 実際のところ〈自己〉と
は何なのでしょうか。

　(15) a.　I want to go.

　　　 b.　I want you to go.

　　　 c. ?I want me to go.

(15a) において, to go の意味上の主語は want の主語でもある

第8章　主観的把握と〈自己のゼロ化〉とモダリティ　159

I で，目的語に me が言語化されていない〈自己のゼロ化〉になっ
ています。(15b) においては，to go と want の主語が別になり
ます。(15c) は明示化する必要のない意味上の主語 me が表現さ
れていますが，容認可能性は低い文といえます。このように，概
して，英語話者は自己を他者化する主客対立の客観的把握を好む
傾向にあります。

　しかしながら，Langacker (2002) も示唆するように，英語話
者でも主観的把握をすることがあります。

(16) a.　Look! My picture's in the paper! And Vanessa is
　　　　　sitting across the table from me!
　　　b.　?Look! My picture's in the paper! And Vanessa is
　　　　　sitting across the table.

　　　　　The latter is however, acceptable to the extent that
　　　　　one "empathizes" with the speaker's image in the
　　　　　paper and imagines the speaker's experience at the
　　　　　moment the picture was taken.

　　　　　　　　　　　　　　　　(Langacker (2002: 329, 365))

(16b) は，(16a) の "from me" が省略された〈自己のゼロ化〉
の例です。これは非文ではなく，突然意外な経験をした時に発せ
られるミラティビティと解釈すれば容認可能であると Langacker
は示唆しています。英語話者も我を忘れるような状況になると，

その場に臨場して自己投入し自己が没入する〈自己のゼロ化〉が起こるというわけです。主観的把握は，文法マーカーによって示されることは少ないのですが，どの言語にも起こり得る現象であるといえそうです。「外に出たら，彼が通りを横切っていた」を英語で直訳すると，Going out of the house, he was walking across the street. となります。これは伝統文法で懸垂分詞構文と言われるものです。その場で自分が彼を観察している，すなわち体験的に把握していることを表しているので，"I saw" が省略された文は不自然です。本来であれば Going out of the house, I saw him walking across the street.（外に出たら，彼が通りを横切っているのが見えた）となるでしょう。この懸垂分詞構文も〈自己のゼロ化〉の例であり，〈知覚主体＋知覚の営み〉の非言語化と言えましょう。

さらに，(17a) は (17b) のように me が省略された〈自己のゼロ化〉の例です。

(17) a.　I remember switching off the light.

　　 b.　I remember (me) switching off the light.

(Lyons (1982: 107-108))

(17a) は「(自分が) 電灯を消したことを覚えている」という意味ですが，自分を表す me は省略され，〈自己のゼロ化〉が起こっています。その他，This cake is delicious (to me). なども，「自分にとって」が省略されていますが，「当事者の自分が美味しく

感じられる」ということを表す〈自己のゼロ化〉の例です。

　従来言語によって好まれる事態把握は異なるとされ，類型論的
に事態把握の傾向差ばかりが注目されてきました。すなわち，主
観的把握か客観的把握のどちらを優先するかは，それぞれの言語
がもつ類型論的特徴に左右されるといわれてきたのです。ところ
が，実は，どの言語にも主観的把握と客観的把握があるというこ
とが分かりました。つまり，英語は客観的把握，日本語は主観的
把握という普遍性はルールではなく，あくまでも傾向でしかない
ので，客観的把握の傾向の強い言語であっても主観的把握が起こ
る場合があり得るということです。もしかしたら，認知の把握に
おいて，人間の認知様式は主客同時に把握されているのかもしれ
ません。それが言語上傾向差となって現れているだけなのかもし
れません。事実，Langacker（2002）は，英語にはもともと主観
的把握が内在されていたことを示唆しています。中野（2017）は，
英語の場合，当初認知主体である話者は場の中に没入する主観的
把握であったが，やがて話者が主客対立し，場の外に出るという
客観的把握になったと論じています。そして，客観的把握になら
ざるをえなかった要因を，英語の［主語＋動詞］という統語上の
ルールにあると考察しています。

　要するに，池上（2008）も指摘するように，どの言語話者で
あっても，場面に応じて，主観的把握と客観的把握のいずれのス
タンスをも採りうる能力を有しているということなのです。この
「一つの事態を二つ以上のやり方で事態把握する能力を有する」

というのは〈普遍的〉な側面ですが，それが具体的な場面になると，いずれかのスタンスに傾き，言語によって異なるというのが〈相対的〉な側面であると池上は述べています。かつて Whorf (1956: 158) が言語相対論の議論で "fashions of speaking"（好まれる言い回し）と呼んでいたのは，この相対的な側面に通ずるものといえましょう。この相対的な側面でいうと，日本語話者は主観的把握に傾く傾向が比較的顕著であるということになります。

☞ どの言語話者でも同じ事態に対し，異なる認知的処理を施し，異なる表現で言語化することが可能であるという〈普遍的〉な側面もあれば，その一方で，同じ事態を表すにしても話者との関わりが異なればその時々で適切な表現を行うという〈相対的〉な側面もあります。

黒滝（2005: 148）も，この相対性を踏まえて，次のように一般化をしています。

(a) 英　語：　主体を客観的に表現する客観的把握（無標）
　　　　　　　　＞主体を事態に没入させて表現する主観的把握（有標）
(b) 日本語：　主体を事態に没入させて表現する主観的把握（無標）
　　　　　　　　＞主体を客観的に表現する客観的把握（有標）

この一般化から言えることは，英語は客観的把握が無標なのです

が，時と場合によっては「自己のゼロ化」が起こり，主観的把握になることがあるということです。一方，日本語は主観的把握の傾向が強く，それが無標なのですが，1人称主語を明示するような客観的把握の表現もあり，これは特殊な例，すなわち有標ということになります。

　ここで，英語で「自己のゼロ化」が起こる有標の例（18）と（19）を挙げておきましょう。

(18)　He is always making mistakes.

(18) において，進行相に always や constantly などの頻度の高いことを表す副詞が伴うと，話者の非難や苛立ちを含意すると学校英文法では教わってきました。これは，話者が彼に注意を向けた際に知覚したことを示唆し，「彼はいつも間違えて困るのよね」という話者の認識を表しています。ところが，認知主体の話者は事態に没入し，「見えない自己」となっています。

(19)　According to the weather forecast, it *will* rain tomorrow.

(19) は「雨が降りそうだ」という意味ですが，ここでも予測を伝える話者は言語化されず，「自己のゼロ化」が起こっています。

　これらの例をみていくと，〈自己のゼロ化〉は主観的把握への強い傾向であるということも一概に言えないことが分かります。よって，どの言語にも〈自己のゼロ化〉すなわち，主観的把握が起こり，その度合いに差が見られるということです。日常的に使

う Thank you. も (I) thank you. となるべきところ，自己のゼロ化が起きている例です。

　さらには，英語は（命令文は別として）主語を置くのが無標，つまり必ず主語を置かないといけない言語です。これは，1 人称主語を置かないことが当たり前の日本語とは正反対です。それに対し，日本語において認知主体の話者を明示化することは有標です。次のマンガは，その日本語の有標の例です。これは，『巨人の星』というマンガで，主人公の星飛雄馬が「おれは今，猛烈に感動している」と独白している場面です。

『巨人の星』（原作：梶原一騎　漫画：川崎のぼる）©梶原一騎・川崎のぼる／講談社

第 2 巻の第 14 話「あざだらけのミット」で発話される台詞ですが，星飛雄馬は，青雲高校に入学し野球部に入ったものの，飛雄馬の投げるボールが余りに速球だったため，野球部の捕手に捕球できるものがいなかった中で，もともと柔道部に所属していた伴

宙太という大男が飛雄馬の投球を捕球しようと挑戦し，3日目に初めてキャッチしたという状況です。

それでは，主語の省略の話に戻りましょう。残された問題は，1人称代名詞の主語の省略だけを「自己のゼロ化」と言っていいのかということです。実は，省略というのは，もともとそこに存在していたことを含意しています。ただ単に1人称主語が隠されているだけで，話者は1人称を認識しているのです。池上（2000: 253, 285）では，省略が誰にとって復元可能かという議論がなされています。英語は「聞き手にとって復元可能」で「ダイアローグ的談話」，つまり「対話」に特徴的な原則が働きます。一方，日本語は「話者にとって復元可能」で「モノローグ的談話」つまり，話者だけの「独話」に特徴的な原則が働くと池上は説明しています。

これらの説明を踏まえて類型論的特徴を整理しますと，「モノローグ的談話」の日本語は話者からの見えをそのまま言語化しようとする主観的把握で，話し手指向の認識モダリティをプロトタイプとします。あくまでも日本語は思考の手段なのです。一方，「ダイアローグ的談話」の英語はコミュニケーションの手段であり，客観的把握で，聞き手指向の束縛的モダリティをプロトタイプとします。認識的モダリティは話者によるモノローグ，すなわち一方向的なコミュニケーションに表出されるものであり，一方，束縛的モダリティは聞き手指向で，伝達性を重んじるダイアローグの中に表出されるものということになります。

さらに，英語が主観的把握になった有標の例には，たとえ認知主体が事態に没入されていたとしても，事態の中で自己分裂が起こっていて，自分の分身は潜んでいる場合があります。たとえば，Lincoln stands with his head bowed. He looks up and begins to speak. の文です。ここでの stands, looks や begins の現在時制は学校英文法で「歴史的現在（「劇的現在」江川 1991: 210)」と称され，「過去の出来事を現在形で表し，あたかも眼前で起こっているかのように描く手法」と説明されてきました。しかしながら，これも一種の〈主客合一〉といえましょう。すなわち，現在に位置するはずの話者が過去に自己投入していて，話者がその場に没入され臨場感をかもしだしているのです。

このように，主観的把握の日本語が〈主客対立〉する有標な文を生成するよりも，英語のような客観的把握の言語が〈主客合一〉し「自己のゼロ化」を引き起こす有標な例のほうが多いといえそうです。どの言語にも主観的把握がもともと内在されているのかもしれません。

☞ 事態把握には，「日本語は主観的把握，英語は客観的把握の傾向が強い」という〈普遍的〉な側面と，必ずしも言語によって事態把握のスタンスが異なるとは限らないという〈相対的〉な側面があります。池上（2019）は，この〈相対性〉が絶対的なものではなく，程度問題として存在することに言及しています。

第 9 章

展 望
—モダリティからみた認知類型論的特徴—

日本語は，池上のいう〈コト〉的言語観，すなわち日の前の出来事や現象に強い親和性を示すという言語観から，「いま・ここ」における言語現象が想起されやすいことを述べてきました。この「いま・ここ」に「私」を加えた「いま・ここ・私」こそが，認識的モダリティの基本概念であり，日本語のモダリティのプロトタイプがとりわけ推量を表す認識的モダリティであることの証左となっています。これは，日本語話者の時間的概念が話者の〈いま〉しかないということとも相通じます。

　この話者基準の言語観が，従来からの「発話時現在における話し手の心的態度」を表すというモダリティの捉え方と合致しているような錯覚を起こしてしまったのでしょう。確かに，日本語話者は常に発話の現場を意識し，〈主客合一〉的に事態を把握し，「いま・ここ」を視座にして，「いま・ここ」の体験にこだわります。体験を〈見え〉のままに言語化する，「体験的把握」を好んで行います。場に没入し言語化されない認知主体を暗に示すために，日本語のモダリティは存在するのです。たとえば，日本語の証拠的モダリティは推論した根拠の出処，そこに至るプロセスや証拠の在り方を示すことで，ゼロ化された話者の主体性を顕現化させようとする働きを担っています。

　一方，英語は客観的把握，すなわち自己を他者化して客体的に捉えます。それが，話者と聞き手が対等であるというポライトネ

第9章 展望　169

スの概念と関連するのでしょう。その対等さを示すために用いられるのが英語のモダリティなのです。このようなコミュニケーションの手段にはダイアローグ的な束縛的モダリティが多用されます。ポライトネス論に関して付言しておくと，主観的把握の傾向が強い日本語は，話者が事態に没入しているからこそ俯瞰的に人間関係を見られます。そのため，上下関係が気になりやすくなり，日本語においては敬語が発達していると考えられます。

　本書で触れた認知類型論的特徴を整理すると，次のようになります。

	日本語	英語
事態の捉え方	主観的把握	客観的把握
動詞の捉え方	「なる」型・BE 言語	「する」型・HAVE 言語
状況の捉え方	コト的把握	モノ的把握
「ここ」の捉え方	場中心	人中心
談話思考	モノローグ的談話 （独話中心） 話者 対 他者 (self 対 others)	ダイアローグ的談話 （伝達中心） 話者・聞き手 対 他者 (I・You 対 others)
話者の視座	自分の中に視点 自分が見えない	話者の外 自分さえも外
主客	主客合一	主客対立
モダリティの プロトタイプ	認識的モダリティ	束縛的モダリティ 力動的モダリティ

要するに，「モノローグ的談話」の日本語は，話者からの見えを

そのまま言語化しようとする主観的把握で，話し手指向の認識的モダリティをプロトタイプとする「認識的モダリティ型言語」といえます。それに対し，「ダイアローグ的談話」の英語は，自己を他者化して客体的に捉える客観的把握で，束縛的モダリティや力動的モダリティをプロトタイプとする「非認識的モダリティ型言語」といえます。

　ただし，これらはあくまでも類型，すなわちタイプ（types）ですので，日本語のみならず英語にも主観的把握があり，〈自己のゼロ化〉はどの言語にも起こり得るのですが，その度合いに差が見られるというわけです。

おわりに

今なおモダリティに関しては豊かすぎるほどの考察の蓄積がありますが，本書では，これまで取り組まれてこなかった，〈事態把握〉という観点からのモダリティ論を展開してみました。

　認知言語学における「意味」とは「主体的な人間の営みで発生するもの」のことを言います。そして，〈話す主体〉である話者は自分にとって関連性のあるものを事態把握するのです。どの言語話者も，同じ事態であっても話者によって異なるやり方で把握し，違ったやり方で表現する能力を有している，という普遍的な側面があります。これこそは認知言語学の基本概念です。その一方で，相対的な側面を想定してみると，ある事態がいくつかの違ったやり方で把握されるとしても，中立的な状況で，ある言語の話者が好んでする〈事態把握〉の仕方と，別の言語話者が好んでする〈事態把握〉の仕方は必ずしも一致するとは限りません。すなわち，ある事態を認知的にどのように把握し，言語化するかは言語話者の好みによって差が認められるということになります。普遍性（universality）には「ひと」としての共通性が含まれますが，認知言語学では相対性（relativity）に着目してきました。ただ相対性というとややネガティブなイメージがありますので，「多様性（multiplicity）」という表現に置き換えてはどうでしょうか。そもそもモダリティが表す人間の心の働きは文化の中で育まれるものです。そして，各人が住んでいる文化によって多様性が

おわりに　173

見られ，タイプ（types）として想定できるのです。これこそが
typology，類型論なのです。

　これらの知見を踏まえて，日本語話者と英語話者の〈事態把握〉
に関してモダリティを素材にして考察したところ，極めて自分中
心的（ego-centric）な日本語のモダリティ文に「日本語らしさ」
の典型としての〈自己のゼロ化〉現象が見られました。そして，
英語とは異なり，日本語話者はゼロ化された自己を暗に示し顕在
化させるためにモダリティを駆使することや，見えざる話者を特
徴とする日本語においては体験的な臨場感へのこだわりがあるこ
とが分かりました。

　たとえば，日本語の物語などを読んでいることを想定してみて
ください。原文に臨場感や躍動感が読み取れ，たちまち物語の中
に読み手が引き込まれていくことがあるでしょう。読み手を引き
込み，仲間意識・共感を与える，これは日本語だからこそ起こる
現象なのです。無論「察しの文化」ゆえに高コンテクストで通ず
るという解釈もありましょうが，実は，〈自己のゼロ化〉によっ
て話者を言語的に明示していなくても，自己投入が起こり，認知
主体を状況に取り込んでしまうことで，自分と景色は区別され
ず，風景の中に溶け込んでいるのです。この臨場感は，自己をゼ
ロ化することによって起こるものなのです。まさに，池上の言葉
を借りると，「自分自身は観察の原点にあり，観察の対象にない」
ということです。

　また，主語の省略のような，認知主体である話者が明示されな

い文法的省略だけが必ずしも〈自己のゼロ化〉とは言えず，そこから逸脱する傾向もあることにも触れました。もしかしたら，主語の省略のように文法的に見えないという文法的省略のほかに，認知的・心理的に見えない自己というものもあるのかもしれません。この点に関する十全なる論究は次稿に譲りたく思います。

　さらに一歩踏み込んで考えると，モダリティを「非現実事態を語るもの」とするか，「話し手の心的態度」を表すとするかは，言語類型論的に分類されるものではなく，「非現実事態を語るもの」はムード的で対テンス，「話し手の心的態度」はモダリティ的で対アスペクトであるといえましょう。

　本書は，モダリティを媒介として事態把握の普遍性と相対性を問うことで，認知言語学に新たな洞察を与えるものとなったと思われます。今後の類型論的研究の論点に深化が期待されます。とりわけ，事態把握の類型論的特徴は文化的な差異を言語的に裏付ける比較文化論にも興味深い省察を与えるものとなることでしょう。

あ と が き

　「ひと」はコミュニケーションをする際，自らの認知能力を駆使し言語化するのですが，その発話の対象となる事態を主体的に処理する存在としての話者について論ぜずして認知言語学を語ることはできません。その話者が事態と認知的に関わりながら主体的に，さらに自らの責任において推論し意味を探るという心の働きが「認知的な営み」なのです。その心の働きを映し出す表現がモダリティです。このようなモダリティを日英語間で比較して，言語の背後にあると想定される，話者の認知的スタンスや事態把握の仕方の異同を探ってみました。これまで，主観的把握と客観的把握という2種類のスタンスのどちらのスタンスを「主体的な存在としての話者」が好むか，すなわち異なる言語間で好みが異なるということは普遍的に言われてきました。しかしながら，本書の目的は，（執筆過程で疑いの余地がなくなったことではありますが）どの言語話者でも必要に応じていずれのスタンスも採り得るという相対性，さらには多様性を述べることにあります。本書を読み終えた皆さんが，今まで語られてこなかった認知言語学的観点からのモダリティ論に興味を抱いて頂けたら，私の研究意義と可能性が見出せたと言えます。

　私のライフワークは，烏滸がましいことでありますが，モダリ

175

ティを研究することにあります。確かに世間一般には未だ曖昧模糊かつカオスとして捉えられるモダリティでありますから，「まだモダリティをやっているの？」や「モダリティしか語れないの？」と言って揶揄されるかもしれません。しかし，私のモダリティ論はまだまだ発展途上にあり，おそらくモダリティへのさらなる追究は永遠に続くでしょう。それゆえライフワークと言えるのです。2005 年に刊行した拙著から遅々として私の研究は進んでいないように思えます。それでも決して研究を怠ってきたわけではなく，本書では，その間に得た知見も含めモダリティ論を捉え直してみました。そのきっかけとなったのは，博士論文執筆時からご指導いただいている池上嘉彦先生（東京大学名誉教授，昭和女子大学名誉教授，日本認知言語学会名誉会長）の「講義ノート」です。ここでの池上論を礎として，従来のモダリティ論に私の理論を加えることが本書の眼目でもありました。それは，認知言語学の話者への強いこだわりがモダリティの話し手の捉え方と親和性があると考えたからです。実は，30 年ほど前に東京言語研究所の理論言語学講座で池上先生の記号論や意味論の講義を受講して以来，「認知言語学」の講義となった今でも東京言語研究所に通い続けています。今となっては至高の宝物である「池上講義ノート」も 30 冊を超えました。先生の講義は毎回新たな理論も加わり，その発展していくありさまには感動を覚えずにはいられません。この喜びを独り占めせず，より多くの方々と分かち合いたく思い，先生にご相談させて頂きましたところ，先生の講義

あとがき　177

を基に纏めることにご快諾下さり，また随所で身に余るご指導を
賜りました。読者の皆さんのなかには，「池上先生の声が聞こえ
るようだ」と言う人もきっといるでしょう。僥倖にも，30 年間
先生から直接頂戴した「知の小宇宙」に感謝せずにいられません。
僭越ながら，その感謝の気持ちを本書に込めさせて頂きました。
先生から受けた学恩がこれからも私の研究者人生にとって貴重な
知的財産になっていくことは言を俟ちません。

　本書はある方との出逢いがもととなり執筆が始まりました。そ
の方は他でもない辻幸夫先生（慶應義塾大学教授）です。さらに
は，執筆にあたりこの未熟な原稿の一字一句に至るまで目を通し
て，示唆に富む貴重なご助言や懇切なご指導を下さった菅井三実
先生（兵庫教育大学大学院教授）に衷心より厚く御礼申し上げま
す。また，開拓社の川田賢氏に多大なるご尽力を頂戴しました。
遅れに遅れた脱稿とたび重なる校正にも辛抱強く接していただき
ました。ここに記して，心から感謝の意を表したく思います。最
後になりますが，この本の執筆原動力は両親と家族であったこと
を，あらためてここに確認して筆を置くことといたします。

　　2019 年 5 月　鯉のぼりが泳ぐ五月晴れのはずなのに，
　　　　　　　　お盆のような猛暑日の神田神保町にて

　　　　　　　　　　　　　　　　　　　　　黒滝真理子

参 考 文 献

Aikhenvald, A. Y. (2004) *Evidentiality*, Oxford University Press, Oxford.

青木博史 (2011)「日本語における文法化と主観化」『主観性と主体性』(ひつじ意味論講座 第5巻), 111-126, ひつじ書房, 東京.

Austin, J. L. (1975 [1962]) *How to Do Things with Words*, 2nd ed., Harvard University Press, Cambridge, MA. [J・L・オースティン, 坂本百大 (訳) (1978)『言語と行為』大修館書店, 東京.]

Bolinger, D. L. (1977) *Meaning and Form*, Longman, London.

Bybee, J. L. (1985) *Morphology: A Study of the Relation between Meaning and Form*, John Benjamins, Amsterdam.

Bybee, J. L. (1988) "Semantic Substance vs. Contrast in the Development of Grammatical Meaning," *Berkeley Linguistic Society* 14, 247-264.

Bybee, J. L. and W. Pagliuca (1985) "Cross-linguistic Comparison and the Development of Grammatical Meaning," *Historical Semantics, Historical Word-Formation*, ed. by Jacek Fisiak, 59-84, Mouton de Gruyter, Berlin.

Bybee, J. L., R. D. Perkins and W. Pagliuca (1994) *The Evolution of Grammar: Tense, Aspect and Modality in the Language of the World*, University of Chicago Press, Chicago/London.

Chafe, W. L. (1986) "Evidentiality in English Conversation and Academic Writing," *Evidentiality: the Linguistic Coding of Epistemology*, ed. by Wallace L. Chafe and Johanna Nichols, 261-272, Ablex, Norwood.

Chafe, W. (1996) "How consciousness Shapes Language," *Pragmatics and Cognition* 4, 35-54.

Coates, J. (1983) *The Semantics of the Modal Auxiliaries*, Croom

Helm, London & Canberra.

de Haan, F (2006) "Typological Approaches to Modality,". *The Expression of Modality* 27, ed. by William Frawley, 40-69, Mouton de Gruyter, Berlin.

de Haan, F. (2012) "Irrealis: Fact or fiction?" *Language Sciences* 34, 107-130.

DeLancey, S. (1997) "'Mirativity': The Grammatical Marking of Unexpectedness Information," *Linguistic Typology* 1, 33-52.

DeLancey, S. (2001) "The Mirative and Evidentiality," *Journal of Pragmatics* 33, 369-382.

江川泰一郎 (1991)『英文法解説』金子書房, 東京.

Facchinetti, R. (2003) "Pragmatic and Sociological Constrains on the Functions of *may* in Contemporary British English," *Modality in Contemporary English*, 301-327, Mouton de Gruyter, Berlin and New York.

Gibson, J. J. (1979) *The Ecological Approach to Visual Perception*, Houghton Mifflin, Boston.

Hinds, J. (1986) *Situation vs. Person Focus*, くろしお出版, 東京.

本多啓 (2005)『アフォーダンスの認知意味論——生態心理学から見た文法現象』東京大学出版会, 東京.

本多啓 (2013)『知覚と行為の認知言語学——「私」は自分の外にある』(開拓社言語・文化選書41), 開拓社, 東京.

本多啓 (2016)「第3章 subjectification を三項関係から見直す」『ラネカーの (間) 主観性とその展開』, 中村芳久・上原聡 (編), 91-120, 開拓社, 東京.

Hopper, P. J. (1991) "On Some Principles of Grammaticization," *Approaches to Grammaticalization*, vol. 1, ed. by E. Traugott and B. Heine, 17-35, John Benjamins, Amsterdam.

Hopper, P. J. and E. C.Traugott (1993) *Grammaticalization*, Cambridge University Press, Cambridge.

池上嘉彦 (1981)『「する」と「なる」の言語学』大修館書店, 東京.

池上嘉彦 (1982)「表現構造の比較——〈スル〉的な言語と〈ナル〉的な言語——」『発想と表現』(日英語比較講座 第4巻), 67-110, 大修館書

店，東京.

池上嘉彦（1999）「日本語らしさの中の〈主観性〉」『月刊言語』28(1)，84-94.

池上嘉彦（2000）『「日本語論」への招待』講談社，東京.

池上嘉彦（2003）「日本語における〈主観性〉の指標——個別言語志向的な類型論へ向けて——」『市河賞36年の軌跡』，語学教育研究所（編），235-243，開拓社，東京.

池上嘉彦（2006a）『英語の感覚・日本語の感覚——〈ことばの意味〉のしくみ』（NHKブックス），日本放送出版協会，東京.

池上嘉彦（2006b）「〈主観的把握〉とは何か——日本語話者における〈好まれる言い回し〉」『月刊言語』35(5)，20-27.

池上嘉彦（2007）『日本語と日本語論』（ちくま学芸文庫），筑摩書房，東京.

池上嘉彦（2008）「〈主観的把握〉認知言語学から見た日本語話者の一側面」『昭和女子大学大学院言語教育・コミュニケーション研究3』，1-6，昭和女子大学.

池上嘉彦（2009）「人文学研究における作業仮説としての〈相同性〉」『英文学研究　支部統合号』第2巻，421-435，日本英文学会.

池上嘉彦（2011）「日本語と主観性・主体性」『主観性と主体性』（ひつじ意味論講座　第5巻），49-67，ひつじ書房，東京.

池上嘉彦（2012）「〈言語の構造〉から〈話者の認知スタンス〉へ——〈主客合一〉的な事態把握と〈主客対立〉的な事態把握——」『國語と國文学：文法研究の現在』89(11)，3-17，東京大学国語国文学会.

Ikegami, Yoshihiko (2015) "'Subjective Construal' and 'Objective Construal': A Typology of How the Speaker of Language Behaves Differently in Linguistically Encoding a Situation," *Journal of Cognitive Linguistics* 1, 1-21.

池上嘉彦（2019）「事態把握」『講座　言語研究の革新と継承：認知言語学II』ひつじ書房，東京.

加藤周一（2007）『日本文化における空間と時間』岩波書店，東京.

近藤安月子（2018）『「日本語らしさ」の文法』研究社，東京.

国広哲弥（1974a）「日英語表現体系の比較」『言語生活』270号.

国広哲弥（1974b）「人間中心と状況中心——日英語表現構造の比較」『英

語青年』119 巻 11 号.

黒滝真理子（2005）『Deontic から Epistemic への普遍性と相対性——モ
ダリティの日英語対照研究——』くろしお出版，東京.

黒滝真理子（2008）「日英語の可能表現の意味変化とその方向性」『日本
認知言語学会論文集』8, 616-619, 日本認知言語学会.

黒滝真理子（2013）「日英語の事態把握と間主観的モダリティ——Potenti-
ality, 状況可能と Evidential Modality の観点から——」『認知言語学
論考 11』, 313-345, ひつじ書房，東京.

黒滝真理子（2014）「日英語のモダリティ観と事態把握——認知言語学的
観点から——」『桜文論叢』87, 75-88, 日本大学法学部.

黒滝真理子（2015）「指向性の観点からみた日英語のモダリティ」『桜文
論叢』91, 55-68, 日本大学法学部.

黒滝真理子（2018）「日英語のモダリティと Evidentiality / Mirativity——
「体験」・〈自己のゼロ化〉の観点から——」『桜文論叢』96, 297-309,
日本大学法学部.

黒滝真理子（2019）「事態把握とモダリティ」『講座　言語研究の革新と
継承：認知言語学 I』, ひつじ書房，東京.

Langacker, R. W. (1985) "Observations and Speculations on Subjectiv-
ity," *Iconicity in Language,* ed. by John Haiman, 109-150, John
Benjamins, Amsterdama.

Langacker, R. W. (1987) *Foundations of Cognitive Grammar 1: Theo-
retical Prerequisites*, Stanford University Press, Stanford.

Langacker, R. W. (1990) "Subjectification," *Cognitive Linguistics* 1(1),
5-38.

Langacker, R. W. (1991) *Foundations of Cognitive Grammar*, Vol. 2,
Stanford University Press, Stanford.

Langacker, R. W. (2002) *Concept, Image, and Symbol: The Cognitive
Basis of Grammar*, 2nd ed., Mouton de Gruyter, Berlin and New
York.

Langacker, R. W. (2009) *Investigations in Cognitive Grammar* , Mou-
ton de Gruyter, Berlin and New York.

Langacker, R. W. (2013) "Modals: Striving for Control," *English Mo-
dality: Core, Periphery and Evidentiality*, Juana I. Marín-Arrese,

Marta Carretero, Jorge Arús Hita and Johan van der Auwera, 3-55,: Mouton de Gruyter, Berlin / Boston.

Langacker, R. W. (2017) "Evidential in Cognitive Grammar," *Evidentially Revisited: Cognitive Grammar, Functional and Discourse-Pragmatic Perspectives*, ed. by Juana I. M. Arrese, Gerda Hassler and Marta Carretero, 13-55, John Benjamins, Amsterdam.

Leech, G. N. (1987) *Meaning and the English Verb*, 2nd ed., Longman, London / New York.

Lyons, J. (1977) *Semantics*, Vol. 2, Cambridge University Press, Cambridge.

Lyons, J. (1982) "Deixis and Subjectivity: *Loquor, ergo sum*?" *Speech, Place, and Action*, ed. by Robert J. Jarvella and Wolfgang Klein, 101-124, John Wiley & Sons, Chichester / New York.

益岡隆志 (1991)『モダリティの文法』くろしお出版，東京.

益岡隆志 (2007)『日本語モダリティ探究』くろしお出版，東京.

メイナード・K・泉子 (2000)『情意の言語学——「場交渉論」と日本語表現のパトス——』くろしお出版，東京.

三上章 (1959)『続・現代語法序説——主語廃止論』刀江書院，東京.

三尾砂 (1948)『国語法文章論』三省堂，東京.

守屋三千代 (2011)「現代日本語の『ナル』と『ナル表現』——〈事態の主観的把握〉の観点より——」『日本認知言語学会論文集』第 11 巻，560-563.

森山卓郎 (2000)「第 1 章 基本叙法と選択関係としてのモダリティ」『モダリティ』（日本語の文法 3），森山卓郎・仁田義雄・工藤浩（編），3-77，岩波書店，東京.

中野研一郎 (2017)『認知言語類型論原理——「主体化」と「客体化」の認知メカニズム』京都大学学術出版会，京都.

中右実 (1994)『認知意味論の原理』大修館書店，東京.

Narrog, H. (2012) *Modality, Subjectivity and Semantic Change. A Cross-Linguistic Perspective*, Oxford University Press, Oxford.

Neisser, U. (1988) "Five Kinds of Self Knowledge," *Philosophical Psychology* 1(1), 35-59.

仁田義雄 (1991)『日本語のモダリティと人称』ひつじ書房，東京.

野村剛史 (2003)「モダリティ形式の分類」『国語学』54(1), 17-31.

岡田美智男 (1997)「対話研究の楽しみ」『月刊言語』26(5), 44-49.

尾上圭介 (1998)「文の構造と"主観的"意味」『日本語の文に見られる主観性』(第7回 CLC 言語学集中講義における講義及びハンドアウト) CLC 日本語学院 ことばと文化センター主催.

尾上圭介 (2001)『文法と意味 I』くろしお出版, 東京.

Palmer, F. R. (1979) *Modality and the English Modals*, Longman, London & New York.

Palmer, F. R. (1990) *Modality and the English modals*, 2nd ed., Longman, London.

Palmer, F. R. (2001) *Mood and Modality*, 2nd ed., Cambridge University Press, Cambridge.

Quirk, R. and S. Greenbaum, G. Leech and J. Svartvik (1985) *A Comprehensive Grammar of the English Language*, Longman, London / New York.

Radden, G. and R. Dirven (2007) *Cognitive English Grammar*, John Benjamins Pub.Com.

定延利之 (2008)『煩悩の文法――体験を語りたがる人びとの欲望が日本語の文法システムをゆさぶる話――』(ちくま新書), 筑摩書房, 東京.

定延利之 (2016)『コミュニケーションへの言語的接近』ひつじ書房, 東京.

佐久間鼎 (1941)『日本語の特質』育英書院, 東京.

Sapir, E. (1921) *Language: An Introduction to the Study of Speech*, Harcourt Brace Jovanovich. [安藤貞雄 (訳) (1998)『言語――ことばの研究序説』(岩波文庫), 岩波書店, 東京.]

佐々木正人 (1993)「認知科学の新しい動向 [5]――アフォーダンス――」『月刊言語』22(5), 96-101.

澤田治美 (2006)『モダリティ』開拓社, 東京.

Searle, J. R. (1969) *Speech Acts: An Essay in the Philosophy of Language*, Cambridge University Press, Cambridge. [J・R・サール, 坂本百大・土屋俊 (訳) (1986)『言語行為――言語哲学への試論――』勁草書房, 東京.]

渋谷勝己 (2005)「日本語可能形式にみる文法化の諸相」『日本語の研究』1-3『国語学』222, 32-46, 国語学会.

Slobin, D. I. (1996) "From 'Thought and Language' to 'Thinking and Speaking'," J. J. Gumperz and S. C. Levinson (eds.), 70-96.

菅井三実（2015）『人はことばをどう学ぶか――国語教師のための言語科学入門――』くろしお出版，東京．

鈴木孝夫（1996）『教養としての言語学』岩波書店，東京．

Sweetser, E. E. (1990) *From Etymology to Pragmatics: Metaphorical and Cultural Aspects of Semantic Structure*, Cambridge University Press, Cambridge.

高山善行（2002）『日本語モダリティの史的研究』ひつじ書房，東京．

寺村秀夫（1984）『日本語のシンタクスと意味 II』くろしお出版，東京．

土岐留美江（2010）『意志表現を中心とした日本語モダリティの通時的研究』ひつじ書房，東京．

土岐留美江（2012）「意志表現とモダリティ」『ひつじ意味論講座 第4巻 モダリティ II：事例研究』，121-140，ひつじ書房，東京．

時枝誠記（1941）『国語学原論』岩波書店，東京．

Tomasello, M. (1999) *The Culture Origins of Human Cognition*, Harvard University Press, Cambridge, MA.

Tomasello, M. (2006) "Why don't Apes Point?" *Roots of Human Sociality: Culture, Cognition, and Interaction*, ed. by N. Enfield and S. C. Levinson, 506-524, Berg, Oxford.

Traugott, E. C. (1988) "Pragmatic Strengthening and Grammaticalization," *Proceedings of the Fourteenth Annual Meeting of the Berkeley Linguistic Society*, 406-416.

Traugott, E. C. (1989) "On the Rise of Epistemic Meanings in English: An Example of Subjectification in Semantic Change," *Language* 65, 31-55.

Traugott, E. C. (2003) "From Subjectification to Intersubjectification," *Motives for Language Change*, ed. by Raymond Hickey, 124-139, Cambridge University Press, Cambridge.

辻幸夫（編）（2013）『新編 認知言語学キーワード事典』研究社，東京．

上原聡（2016）「第2章 ラネカーの subjectivity 理論における「主体性」と「主観性」――言語類型論の観点から――」『ラネカーの（間）主観性とその展開』，中村芳久・上原聡（編），53-89，開拓社，東京．

Visser, F. Th (1963) *An Historical Syntax of the English Language*, Vols. I-IIIb, Brill, Leiden.

Whorf, B. L. (1956) *Language, Thought, and Reality*, MIT Press Cambridge, MA. 〔池上嘉彦 (訳) (1993)『言語・思考・現実』講談社, 東京.〕

山田孝雄 (1936)『日本文法学概論』宝文館, 東京.

山口明穂・秋本守英 (編) (2001)『日本語文法大辞典』明治書院, 東京.

湯沢幸吉郎 (1977)『口語法精説』明治書院, 東京.

例文・図版出典

川端康成 (1952)『雪国』(岩波文庫), 岩波書店, 東京.

Kawabata Yasunari (1957) *Snow Country*, translated by Edward G. Seidensticker, Charles E. Tuttle Company, Tokyo.

『巨人の星 青雲編 2』(原作:梶原一騎, 漫画:川崎のぼる), 講談社, 東京.

索　引

1. 日本語は五十音順で，英語（で始まるもの）はアルファベット
   順で，最後に一括して並べている。
2. 数字はページ数を表す。

事　項

［あ行］

アフォーダンス（affordance）
22, 23
意志性　35, 54, 56, 57, 95, 96
維持性（persistence）　62, 85
一方向性仮説（unidirectionality
hypothesis）　20, 52, 83
いま・ここ　3, 105, 108, 110, 115,
128, 129, 139, 149, 156, 168
意味の希薄化（semantic
bleaching）　84
イメージ・スキーマ（image
schema）　92
迂言的表現　44
英語らしさ　25
音韻的縮約　85

［か行］

蓋然性　7, 61, 71, 150
階層的モダリティ論　68
概念化者（概念主体）　74
価値判断のモダリティ　67
環境論的自己（ecological self）
114, 115, 136, 158
観察の原点　102, 107-109, 136,
173
間主観化（intersubjectification）
51-53, 103
間主観性（shared mind）　88, 89,
137, 151
間主観的モダリティ（intersubjec-
tive modality）　51
感じる主体（sentient）　131, 132
関連性（relevance）　2, 18, 19, 21,
22, 25-27, 114, 116, 134, 172
聞き手指向　41, 42, 86, 88, 165,
170

機能語　62, 80, 81, 82

客観的把握 (objective construal)
　100, 102, 104-107, 116, 119-121,
　123, 124, 157, 159, 161-163, 165,
　166, 168-170, 175

共時的　90, 92, 93, 97

共知覚　115

共同注意 (joint attention)　89

言語行為領域　92

言語相対論　18, 20

言語類型論 (linguistic typology)
　11, 25, 121, 174

現実的可能性 (factual
　possibility)　48, 49, 117

現象文　148-150, 155, 156

懸垂分詞構文　160

言表事態めあてのモダリティ　67

コト的言語　14, 116, 124, 131

好まれる言い回し (fashions of
　speaking)　25, 100, 134, 158,
　162

語用論的強化 (pragmatic
　strengthening)　86, 87

語用論的推論　52, 86-88, 91

根源的モダリティ (root
　modality)　35

[さ行]

サピア・ウオーフ仮説　18-20

自己中心的 (ego-centric)　68,
　104, 128, 138, 151, 152

自己投入　111, 134, 154, 159, 166,
　173

自己の客体化　8, 120

自己のゼロ化　102, 104, 109, 110,
　126, 134-139, 155, 157-160, 162,
　163, 165, 166, 170, 173

自己の他者化　107

事象的モダリティ (event
　modality)　31, 39

事態把握 (construal)　21-25, 91,
　97, 100, 103-108, 114, 116, 118,
　120, 121, 123, 127, 130, 139,
　156, 158, 161, 166, 172-175

実在性 (reality)　74

自発　44, 95, 96, 111, 120, 124,
　125, 130, 131

自発的モダリティ　131

社会的アフォーダンス (social
　affordance)　23

主観化 (subjectification)　52,
　102, 103

主観表現論　68, 75, 76

主客合一　104, 109, 110, 127, 128,
　148, 166, 168, 169

主客対立　104, 107, 159, 161, 166,
　169

主語指向的 (subject-oriented)
　37-39, 83, 89, 120

主体化 (subjectification)　92,
　101, 103

主体的な営み　21-23, 140, 141

主体の没入　102, 103

主題優位言語　15

出来 (しゅったい)　44, 95,123, 125,

126, 130, 153, 157

状況可能 (root possibility)
47-52, 76, 83, 85, 86, 88, 95,117,
129, 146

状況志向 (situation-focus) 12

証拠性 (evidentiality) 56-61, 93,
107, 108, 139, 143, 146-148, 150,
151, 154, 157

証拠的モダリティ (evidential
modality) 31, 56-58, 60, 96,
139, 141, 143-151, 168

常体 4

真偽判断のモダリティ 67

新情報 127, 153, 154, 157

心的走査 (mental scanning) 91

心的体験 126, 131, 132

推移 5, 13, 62, 125, 127-129, 157

遂行動詞 43

スキーマ 57

スル的言語 14, 121, 123, 124,
126

潜在的可能性 48, 69, 95, 96

相互主観性 (intersubjectivity)
89, 90

相対性 22, 25, 80, 158, 162, 166,
172, 174, 175

束縛的モダリティ (deontic
modality) 7, 31-38, 40-42, 46,
54, 68, 83, 84, 86, 89, 90, 92, 93,
96, 119-121, 130, 165, 169, 170

束縛的モダリティ型言語 121,
170

存在のモダリティ (existential

modality) 48

[た行]

ダイアローグ 94, 151, 152, 165,
169, 170

ダイアローグ的談話 165, 169,
170

体験者 109-111, 127, 139, 156

体験的把握 136, 137, 168

体験文 150, 156

対事モダリティ 4, 6, 7

対人モダリティ 6, 7

多義性 33, 59, 62, 80, 84, 92, 93

他者化 10, 107, 108, 137, 159,
168, 170

多層化 (layering) 84

脱カテゴリー化
(decategorization) 84

脱客体化 103

知覚の営み 156, 160

通時的変化 80, 90

動作主優位言語 15

[な行]

内容語 62, 80-82

内容領域 92

ナル的言語 14, 95, 121, 124, 131

日本語らしさ 25, 134, 135, 173

人間志向 (person-focus) 12, 14

認識的モダリティ (epistemic
modality) 4, 7, 31-37, 40, 41,

46, 53-58, 60, 62, 68, 83, 85, 86,
89, 90, 92-94, 96, 97, 107, 117-
121, 134-136, 138, 139, 144, 145,
147, 149-151, 165, 168-170
認識的モダリティ型言語　118,
120, 121, 170
認識領域　74, 92
認知的な営み　21, 23, 26, 27, 97,
100, 140, 175
認知の主体 (cognizing subject)
19, 22, 27, 100, 108
認知文法 (cognitive grammar)
20, 40, 66, 69, 76, 101, 143
認知類型論 (cognitive typology)
14, 25, 169

[は行]

発話・伝達のモダリティ　67, 68
発話行為的モダリティ (speech-act
modality)　41
発話内行為 (illocutionary act)
35, 43
発話の主体 (locutionary subject)
19, 27, 104, 128
話し手指向的 (speaker-oriented)
37, 89, 131
話し手の心的態度　27, 31, 37, 66,
68, 75
話す主体　2, 172
非現実事態　59, 70, 72, 75, 76,
149, 174
非現実事態陳述のモダリティ論

70, 72, 75
非動作主化 (deagentivization)　6
複合文末形式　54, 63, 84, 120
普遍性　11, 22, 80, 158, 160, 172,
174
プロトタイプ　53, 56, 60, 62, 83,
86, 93, 95-97, 118, 119, 131,
134, 139, 144, 150, 165, 168-170
文法化 (grammaticalization)　20,
52, 61-63, 80-90, 93-95, 102,
103, 119
法性　71
ポライトネス　4, 151, 152, 168,
169

[ま行]

見え　89, 101, 104, 106, 109, 111,
114, 115, 120, 125, 127, 128,
130, 131, 136-140, 145, 156, 157,
165, 168
ミラティビティ (mirativity)
127, 152-159
ムード　59, 63, 71, 72, 174
命題的モダリティ (propositional
modality)　31, 39, 60
メタファー　62, 84, 87, 90-93
メタファー的写像 (metaphoric
mapping)　92, 93
メトニミー　40, 87
モノ的言語　14, 116, 124
モノローグ　94, 151, 152, 165,
169, 170

モノローグ的談話　165, 169, 170

［や行・ら行・わ行］

様相論理学　27, 30, 32, 36, 37, 53
力動的モダリティ（dynamic modality）　31-33, 35, 38, 41, 42, 46, 55, 83, 85, 86, 89, 96, 119, 135
理論的可能性（theoretical possibility）　48, 49, 117, 118
類型　12, 14, 60, 104, 116, 170
話者にとって復元可能　165
話者の主体性　26-28, 148, 168
話者の特権　148

［英語］

BE 言語　14, 122, 168
HAVE 言語　14, 122, 169
negative valency（否定結合価）　130

人　名

青木博史　94
池上嘉彦　9, 10, 14, 25, 95, 103-110, 116, 117, 121-123, 128, 136, 152, 158, 161, 165, 166, 168, 173
上原聡　76
オースティン　42, 43
岡田美智男　23

尾上圭介　70, 72, 75
加藤周一　3
国広哲弥　12, 13
近藤安月子　122
佐久間鼎　122
佐々木正人　23
定延利之　126, 127, 142, 148
澤田治美　44
渋谷勝己　52, 95
菅井三実　23, 24
鈴木孝夫　8
高山善行　63
寺村秀夫　72
時枝誠記　68
土岐留美江　59
中右実　30, 66
中野研一郎　161
仁田義雄　66, 67
野村剛史　70
本多啓　101, 103, 114, 115, 136
益岡隆志　66, 67
三尾砂　155
三上章　72
メイナード　155
守屋三千代　124
森山卓郎　67
山田孝雄　70
湯沢幸吉郎　62
Aikhenvald　142-144
Bolinger　24
Bybee　80, 83
Bybee and Pagliuca　85
Bybee et al.　40, 88

Chafe   60, 143

Coates   35, 47, 88

de Haan   143, 144

DeLancey   153

Facchinetti   44

Gibson   22

Hinds   12

Hopper   62

Hopper and Traugott   81, 82, 84

Langacker   20, 69, 70, 73–75, 89, 91, 100–103, 143, 159, 161

Leech   48, 49, 117

Lyons   32, 68, 107, 141, 160

Narrog   35, 144

Neisser   114

Palmer   30–32, 37–39, 48, 60, 66, 70, 143–146

Quirk et al.   10

Radden and Dirven   49

Sapir   19, 20

Searle   43

Slobin   26

Sweetser   35, 92

Tomasello   52, 53, 89

Traugott   52, 80–84, 102, 103

Whorf   25, 100, 134, 161

初出一覧

第3章

第1節：「指向性の観点からみた日英語のモダリティ」『桜文論叢』91, 55-68, 2015 年

第2節：「日英語の事態把握と間主観的モダリティ──Potentiality, 状況可能と Evidential Modality の観点から──」『認知言語学論考』11, 313-345, 2013 年, ひつじ書房

第3節：「日英語のモダリティ観と事態把握──認知言語学的観点から──」『桜文論叢』87, 75-88, 2014 年

第4節：「日英語の事態把握と間主観的モダリティ──Potentiality, 状況可能と Evidential Modality の観点から──」『認知言語学論考』11, 313-345, 2013 年, ひつじ書房

第4章

『Deontic から Epistemic への普遍性と相対性──モダリティの日英語対照研究──』, 2005 年, くろしお出版

第5章

第1・2・3節：『Deontic から Epistemic への普遍性と相対性──モダリティの日英語対照研究──』, 2005 年, くろしお出版

第4節：「日英語の可能表現の意味変化とその方向性」『日本認知言語学会論文集』8, 616-619, 2008 年

第 6 章

「日英語のモダリティと Evidentiality / Mirativity ── 「体験」・〈自己のゼロ化〉の観点から ──」『桜文論叢』96, 297-309, 2018 年

第 7 章

『Deontic から Epistemic への普遍性と相対性 ── モダリティの日英語対照研究 ──』, 2005 年, くろしお出版

第 8 章

「日英語のモダリティと Evidentiality／Mirativity ── 「体験」・〈自己のゼロ化〉の観点から ──」『桜文論叢』96, 297-309, 2018 年

「事態把握とモダリティ」,『講座　言語研究の革新と継承：認知言語学 I』, 2019 年, ひつじ書房

黒滝　真理子　（くろたき　まりこ）

　1963 年京都府生まれ。お茶の水女子大学大学院人間文化研究科博士課程退学，博士（人文科学）。現在，日本大学教授。専門は，認知言語学・対照言語学。

　主な著書・論文：『Deontic から Epistemic への普遍性と相対性 ── モダリティの日英語対照研究 ──』（くろしお出版，2005 年），「認識的モダリティとの意味的関連性からみた日英語の束縛的モダリティ」（『ひつじ意味論講座第 4巻 モダリティ II：事例研究』，ひつじ書房，2012 年），「日英語の事態把握と間主観的モダリティ ── Potentiality，状況可能と Evidential Modality の観点から ──」（『認知言語学論考 No. 11』，ひつじ書房，2013 年），「事態把握とモダリティ」（『講座　言語研究の革新と継承：認知言語学 I』，ひつじ書房，2019 年），「4c.5 モダリティと認知言語学」（『認知言語学大事典』，朝倉書店，2019 年）など。

事態の捉え方と述語のかたち
── 英語から見た日本語 ──　　　　　　　　　＜開拓社 言語・文化選書 83＞

2019 年 10 月 25 日　　第 1 版第 1 刷発行

著作者　　黒滝真理子
発行者　　武村哲司
印刷所　　日之出印刷株式会社

　　　　　　　　　　　　　〒113-0023 東京都文京区向丘 1-5-2
発行所　　株式会社　開　拓　社　　電話　（03）5842-8900（代表）
　　　　　　　　　　　　　振替　00160-8-39587
　　　　　　　　　　　　　http://www.kaitakusha.co.jp

ⓒ 2019 Mariko Kurotaki　　　　　　ISBN978-4-7589-2583-9　C1380

JCOPY ＜出版者著作権管理機構 委託出版物＞
本書の無断複製は著作権法上での例外を除き禁じられています。複製される場合は，そのつど事前に，出版者著作権管理機構（電話 03-3513-6969，FAX 03-3513-6979，e-mail: info@jcopy.or.jp）の許諾を受けてください。